潜能开发
青少年思维
能力训练丛书

越玩越聪明的数学游戏

李怡然 主编

知识出版社
Knowledge Publishing House

图书在版编目（ＣＩＰ）数据

越玩越聪明的数学游戏 / 李怡然主编. -- 北京：
知识出版社，2019.11
（潜能开发青少年思维能力训练丛书）
ISBN 978-7-5215-0092-9

Ⅰ. ①越… Ⅱ. ①李… Ⅲ. ①智力游戏—青少年读物
Ⅳ. ①G898.2

中国版本图书馆CIP数据核字(2019)第250466号

越玩越聪明的数学游戏 　李怡然　主编

出 版 人	姜钦云	
责任编辑	郭文婷	
策划编辑	田荣尚	
特约编辑	宁莲佳	
装帧设计	张雅蓉	
出版发行	知识出版社	
地　　址	北京市西城区阜成门北大街17号	
邮　　编	100037	
电　　话	010-88390659	
印　　刷	南昌市红星印刷有限公司	
开　　本	710mm×1000mm　1/16	
印　　张	10	
字　　数	160千字	
版　　次	2019年11月第1版	
印　　次	2019年11月第1次印刷	
书　　号	ISBN 978-7-5215-0092-9	
定　　价	36.00元	

前言

　　大脑是人体最复杂的器官，它不仅主导着人的思想，还控制着人的感觉、情绪和反应，主宰着人一生的发展。让大脑蕴藏的潜能得到充分的开发，是一个人走向成功的关键。

　　如同人的躯体一样，大脑也可以通过训练来获得更好的发展，变得更聪明、更具有创造性。而6～15岁就是开发大脑潜能的黄金时期，是青少年养成爱思考、会思考好习惯的关键阶段。为了让孩子们爱思考、会思考、勤思考，并将这种好习惯带到学习中去，根据青少年这一阶段身心发育的特点，我们特别打造了这套"潜能开发·青少年思维能力训练"丛书，针对孩子不同的思维能力和思维方式，进行定点、定项、定目标的系统训练。

　　"潜能开发·青少年思维能力训练"丛书共10本，包括《越玩越聪明的谜语游戏》《越玩越聪明的思维游戏》《越玩越聪明的数学游戏》《越玩越聪明的脑筋急转弯》《越玩越聪明的趣味实验》《越玩越聪明的火柴棍游戏》《越玩越聪明的成语游戏》《越玩越聪明的填字游戏》《越玩越聪明的左脑游戏》和《越玩越聪明的右脑游戏》，主题多样，题型丰富，是一套科学、系统、有趣的思维训练工具书。

　　"潜能开发·青少年思维能力训练"丛书不仅可以全方位地培养孩子的思维能力，还可以根据孩子自身的思维特点，有重点地进行思维训练，取长补短，培养良好的思维习惯。本丛书图文结合，寓教于乐，既增强了趣味性，又扩大了孩子的知识面，让他们在玩乐中调动学习兴趣，循序渐进地培养良好的思维习惯，成为真正的思维高手！

编　者

2019 年 10 月

目录

第一章 数字真奇妙

第二章 算术动动脑

第三章 几何真有趣

第四章 图形变变变

第一章

数字真奇妙

1 奇妙的连环等式

请将0~9这10个自然数填入下面的括号中，使等式成立。（注意：10个自然数都要用到，且每个数字只能使用一次。）

$$(\quad) \times (\quad) \div (\quad) + (\quad) - (\quad)$$
$$= (\quad) \times (\quad) \div (\quad) + (\quad) - (\quad)$$

2 车牌号码之谜

一辆轿车违反交通规则，引发了交通事故，司机却驾车逃跑了。警察在调查时找到了三个目击证人，可惜这三个人都没有看清楚这辆轿车的车牌号码，只注意到了车牌号码的某些特征。

目击者A记得车牌号码的后两个数字是相同的。目击者B记得车牌号码的前两个数字是相同的。目击者C说："车牌号码肯定是四位数，并且这个四位数恰好是一个整数的平方数。"

根据三个目击者提供的线索，你能判断出这辆肇事车的车牌号码吗？

3 "摇"出来的算式

下面算式中，不同的汉字对应不同的数字（小于10的自然数）。你能找出每个汉字对应的数字，并将这个算式还原为数字算式吗？

$$\begin{array}{r} 摇\ 啊\ 摇 \\ +\ 使\ 劲\ 摇 \\ \hline 使\ 劲\ 摇\ 啊 \end{array}$$

4 纠正不等式

下图中是由14根火柴棒组成的不等式，但是这个不等式是错误的。你能只添加1根火柴棒，使其成为正确的不等式吗？

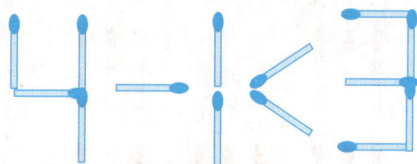

$$4 - 1 < 3$$

5 等式方阵

下面是一个由火柴棒组成的方阵。你能只移动其中一个方框中的火柴棒的位置，使每一行、每一列的火柴棒之和都相等吗？

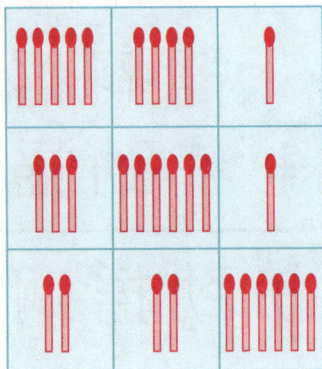

6 横向思维

拿走4根火柴棒，将剩下的火柴棒重新排列，使最上面一行、最左边一列、最右边一列、最下面一行的火柴棒的和均为9。试一试，你能排出来吗？

7 趣味火柴棒

如何拿掉3根火柴棒，使下面的图形变成3个正方形呢？

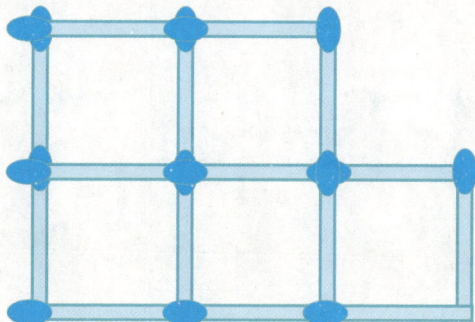

如何拿掉3根火柴棒，使下面的图形变成3个三角形呢？

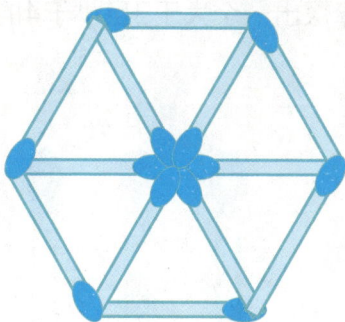

8 还原等式

下面的等式原本是成立的，但因为改变了其中1根火柴棒的位置，所以变成了这个样子。你能把这个错误的等式还原吗？

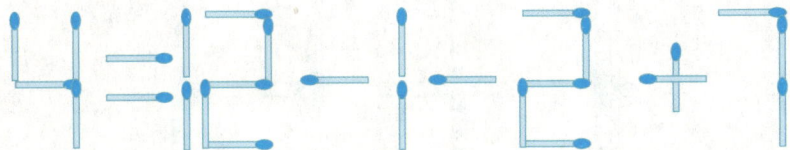

$$4 = 12 - 1 - 2 + 7$$

9 3 < ? < 4

如何用3根火柴棒摆出一个大于3且小于4的数呢？自己动手试试吧。

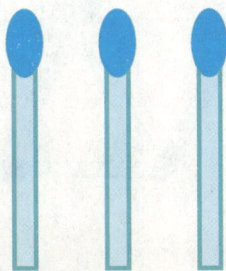

10 圆圈里的数字

在下图的圆圈里填入数字1～6，使外侧每个小三角形顶角上的数字之和均为12，同时还要满足大三角形每条边上的数字之和均为9。

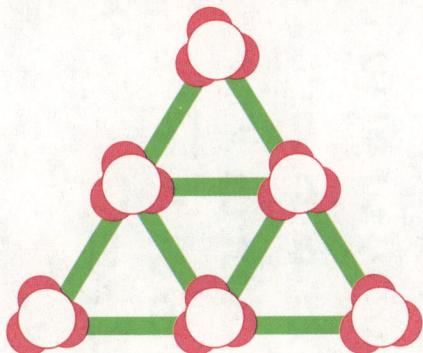

11 数字排排坐

把＋、－、×、÷、＝这些数学运算符号填入下列数字中间，使它们成为正确的等式。（注意：数字排列顺序不可改变；数字之间不要求都填入运算符号。）

(1) 2 7 6 3 8 1 9 0 4 5

(2) 2 9 0 1 4 5 6 3 7 8

(3) 6 7 2 0 5 4 1 9 3 8

12 从1到1

请你把数学运算符号和括号填入下列数字中间，使它们变成正确的等式，实现从1到1。（数字之间不要求都填入运算符号及括号。）

$$1 \quad 2 \quad 3 = 1$$
$$1 \quad 2 \quad 3 \quad 4 = 1$$
$$1 \quad 2 \quad 3 \quad 4 \quad 5 = 1$$
$$1 \quad 2 \quad 3 \quad 4 \quad 5 \quad 6 = 1$$
$$1 \quad 2 \quad 3 \quad 4 \quad 5 \quad 6 \quad 7 = 1$$
$$1 \quad 2 \quad 3 \quad 4 \quad 5 \quad 6 \quad 7 \quad 8 = 1$$
$$1 \quad 2 \quad 3 \quad 4 \quad 5 \quad 6 \quad 7 \quad 8 \quad 9 = 1$$

13 奇怪的等式

在什么样的情况下，下面的这个等式可以成立呢？快开动你的脑筋好好想一想。

$$7 + 8 = 3$$

14 独具特色的数

下面要找的数字都是独具特色的两位数。根据描述，试一试你能找出几个。

描述	数字
找一个数，这个数的2倍是它的一半加上99。	
找一个数，这个数是它本身两个数字相乘的积的2倍。	
找一个数，这个数的一半是它的 $\frac{1}{3}$ 加上它本身两个数字的和。	
找一个数，这个数本身的两个数字前后颠倒过来比它原来大 $\frac{1}{5}$。	

15 海上明月

在下面的乘法算式中，每个汉字代表一个数字，相同的汉字代表相同的数字（小于10的自然数）。你能猜到这道算式的本来面目吗？

$$
\begin{array}{r}
海\ 上\ 明\ 月 \\
\times \qquad\qquad 9 \\
\hline
月\ 明\ 上\ 海
\end{array}
$$

16 巧填数字

将1~9这9个数字填入下面的圆圈中，使得7个三角形（4个小三角形和3个大三角形）各自顶角上的数字之和都相等。

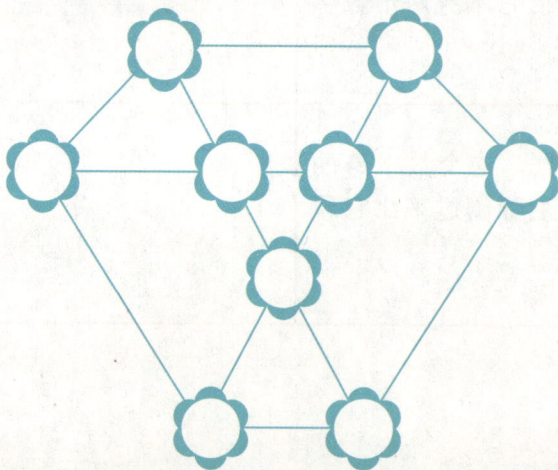

17 找规律填数

猜猜看，下面括号里应该填什么数字呢？

$$2，4，7，11，16，（\quad）$$

18 "二带一"

根据下列数的排列规律，猜猜看，括号里应该填什么数？

$$1，2，3，5，8，13，（\quad）$$

19 移动数字

移动下面等式中的一个数字（只能移动数字，而且不能将数字对调，也不能移动运算符号），使等式成立。

$$101 - 102 = 1$$

20 与众不同的分数

在下面7个分数里，有一个是与众不同的。找找看是哪一个。

$$\frac{28}{35} \quad \frac{16}{24} \quad \frac{18}{21} \quad \frac{49}{28}$$

$$\frac{33}{44} \quad \frac{45}{54} \quad \frac{17}{34}$$

21 填圆圈

在下图圆圈中填入1～10这10个数字，使得4条边每条边的数字相加都相等。（注意：每个数字不能重复使用。）

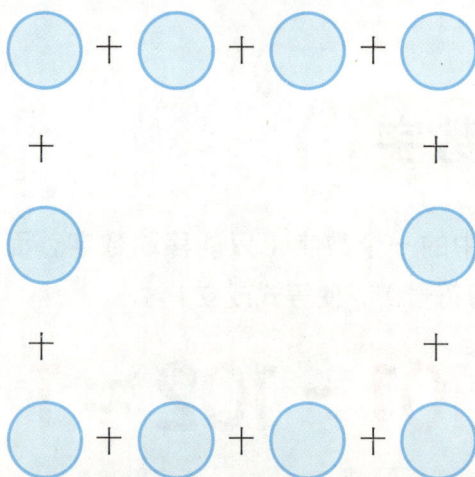

22 算术运算

（1）请你按照9、8、7、6、5、4、3、2、1的顺序，在这9个数字的每个数字之间适当地添上 + 、 - 、× 、÷ 等运算符号，使其结果等于100。

$$9\ 8\ 7\ 6\ 5\ 4\ 3\ 2\ 1 = 100$$

（2）在1、2、3、4、5、6、7、8、9之间添上7个"+"和1个"×"，使其结果等于100。

$$1\ 2\ 3\ 4\ 5\ 6\ 7\ 8\ 9 = 100$$

（3）在1、2、3、4、5、6、7、8、9中插入1个"+"和2个"-"，使其结果等于100。

$$1\ 2\ 3\ 4\ 5\ 6\ 7\ 8\ 9 = 100$$

23 永恒的 "5"

下面有5个关于"5"的算式，你能使用 +、−、×、÷ 和（）这些符号使下面这些算式成立吗？

$$1 = 5 \quad 5 \quad 5 \quad 5$$
$$2 = 5 \quad 5 \quad 5 \quad 5$$
$$3 = 5 \quad 5 \quad 5 \quad 5$$
$$4 = 5 \quad 5 \quad 5 \quad 5$$
$$5 = 5 \quad 5 \quad 5 \quad 5$$

24 戴面具的数字

有一道减法算式，其中有3个不同的数字戴着各自的面具□、△、○。你能猜出戴面具○的数字是多少吗？（面具□、△、○代表的数字是小于10的自然数。）

$$
\begin{array}{r}
\square \ \triangle \\
- \ \triangle \ \square \\
\hline
\bigcirc \ 4
\end{array}
$$

25 数字乐园

在表格中的空白处填入合适的数字，使得每行、每列以及两条对角线上的数字相加都等于20。

4		7	
		1	
	4		3
	5		

26 奇妙表格

如下图所示，你能猜到表格中的问号处应该填入什么数字吗？

A	5
6	

Y	2
27	

N	8
22	

P	3
?	

27 梅花速算

在梅花的花心处填入1~10中的一个自然数，使之能和周围花瓣中的3个数一起，用加减乘除四则运算中的一则或多则得出24。

（1）

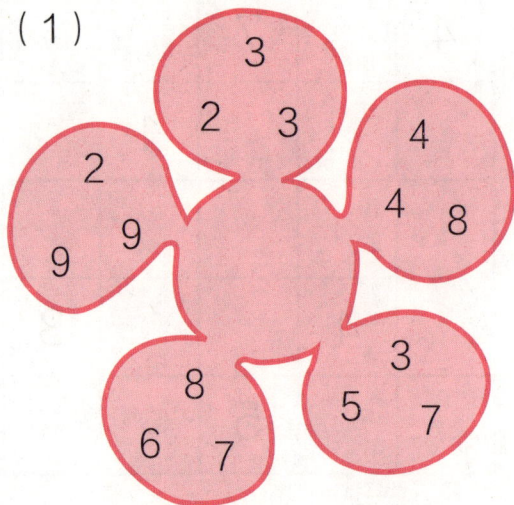

（2）

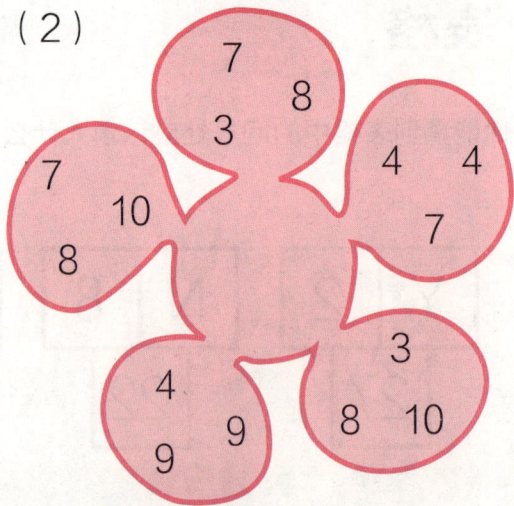

28 图形等式

（1）★×◆=★，如果★和◆分别代表1~9中的一个自然数，那么◆等于（　）。

A.3　　　　B.1　　　　C.2　　　　D.4　　　　E.5

（2）□+□=○△，如果□代表0~9中的一个自然数，○△代表10~99中的一个两位数，那么□可以是（　）。

A.1　　　　B.2　　　　C.4　　　　D.0　　　　E.7

（3）○+○+○+○=△，如果○和△分别代表0~9中的一个自然数，那么○可以是（　）。

A.3　　　　B.7　　　　C.0　　　　D.4　　　　E.2

29 2和3的妙用

能不能在下图的各个小圆圈中分别填上数字2和3，使得每个大圆圈上的4个数的和各不相同？

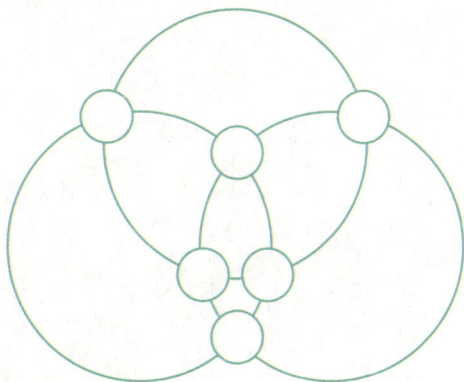

30 纵横等式

在下面的粉色方格里填上＋、－、×、÷等运算符号，在蓝色的空格里填上2、3、5、9，完成这个纵横等式。（注意：等式写完后不按照四则运算顺序来运算，只按从左到右、从上到下的顺序进行运算。）

9	＋	5	×	2	－	3	=	25
							=	40
							=	20
							=	16
=		=		=		=		
18		40		10		54		

31 切割菱形

在下面的菱形中画两条直线，使划分出来的4个板块内的数字总和均相等。

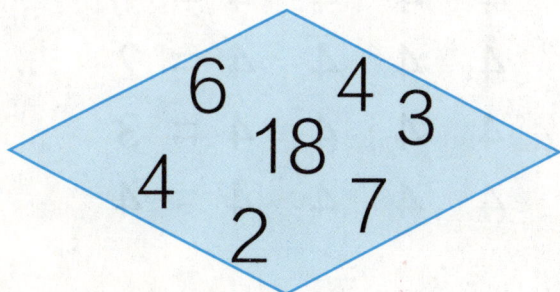

32 数字摩天轮

请仔细想一想，问号处应该填哪个数字？

33 4的运算

请你在下列算式中加上适当的运算符号和括号，使等式成立。

$$4 \quad 4 \quad 4 \quad 4 = 1$$
$$4 \quad 4 \quad 4 \quad 4 = 2$$
$$4 \quad 4 \quad 4 \quad 4 = 3$$
$$4 \quad 4 \quad 4 \quad 4 = 4$$

34 巧列算式

老师在黑板上写了1~9这9个数字，要求用这9个数字列出3道算式，每个数字只能用一次，并且运算符号只能用加号或乘号。你能列出这3道算式吗？

35　快速求和

下面是一道算式，你能不能快速选出正确的答案呢？

$5 \times 99 + 3 \times 99 + 7 \times 99 + (4+9) = ($ 　　$)$

A. 1362　　B. 2504　　C. 1498　　D. 1629

36　图形算式

根据下列算式，算出每个图形代表的数字。

$$\triangle + \star = 40$$
$$\triangle + \bigcirc = 35$$
$$22 - \triangle = 1$$

37 按规律填数字

如下图所示，问号处应该填入什么数字？

A	B	C	D	E
6	2	0	4	6
7	2	1	6	8
5	4	2	3	7
8	2	?	7	?

38 巧填横式

从1~8这8个数字中选出7个数字填入下面的方框中，数字不能重复，使等式成立。

$$(\boxed{}\boxed{}\boxed{} + \boxed{} - \boxed{}\boxed{}) \times \boxed{} = 2005$$

39 补充表格

观察下表，问号处应填入的数字是多少？

A	32	45	46	56	2015
B	5	3	8	5	7
C	2	0	6	1	?

40 第15行

观察数表并找出其中的规律，你知道第15行的第一个数应该是多少吗？

1				
2	4			
5	7	9		
10	12	14	16	
17	19	21	23	25
……	……	……	……	……

41 有规律的三角形

观察下列图形，把问号处的数字补充完整。

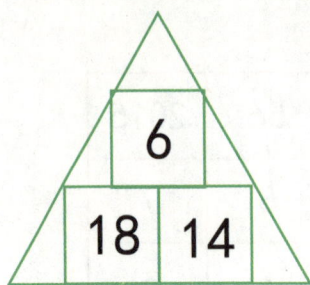

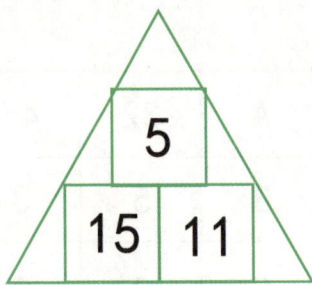

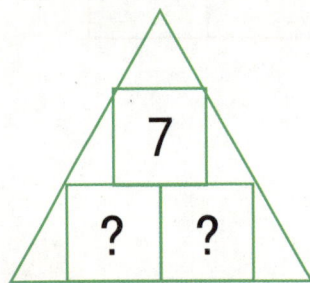

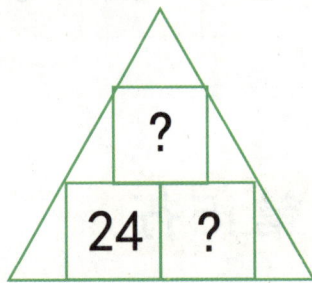

$$6 \quad 18 \quad 14$$

$$5 \quad 15 \quad 11$$

$$7 \quad ? \quad ?$$

$$? \quad 24 \quad ?$$

42 ABCD

如果A×B=14，B×C=15，C×D=16，那么A×B×C×D的结果是多少？

$$A×B×C×D= ?$$

第二章

算术动动脑

1 鸡兔同笼

有若干只鸡和兔被关在同一个笼子里，笼子里有鸡头、兔头共36个，有鸡脚、兔脚共100只。你知道笼子里鸡和兔各有多少只吗？

2 狮虎竞赛

狮子和老虎比赛，规定跑出100米后再返回出发点。狮子一次可以跳3米，老虎一次可以跳2米；狮子每跳2次，老虎就跳3次。仔细想一想，它们谁先回到出发点呢？

3 蜜蜂采蜜

一群蜜蜂，有 $\frac{1}{5}$ 落在杜鹃花上，有 $\frac{1}{3}$ 落在栀子花上，而数量为这两者之差的3倍的蜜蜂则飞向玫瑰花，最后剩下1只小蜜蜂在茉莉花和玉兰花之间飞来飞去。问：一共有多少只蜜蜂？

4 分糖果

幼儿园的老师买了一堆糖果，准备分给小朋友们。

如果分给大班的小朋友每人5颗糖果，那么还缺6颗；如果分给小班的小朋友每人4颗糖果，那么还剩下4颗。已知大班比小班少2位小朋友。问：这一堆糖果共有多少颗？

5 100只羊

　　牧羊人甲赶着一群羊到青草茂盛的地方去放牧，牧羊人乙牵着1只羊跟在他后面，和他开玩笑说："你有100只羊吗？"甲说："当然有。不过先要往我这群羊里添进同样多的一群羊，还要再添进半群羊和$\frac{1}{4}$群，再把你的这1只羊也算进去，才能凑足100只羊。"你能猜出牧羊人甲实际上有多少只羊吗？

6 换矿泉水

　　1元钱可以买1瓶矿泉水，喝完后2个空瓶又可换1瓶矿泉水。如果你有20元钱，最多能喝到多少瓶矿泉水呢？

7 支付工资

　　一个老板让工人工作7天，给工人的报酬是一根金条。工人提出，每天完工后都要收到相对应的金条。如果只允许把金条分成3段，应该如何支付工人的报酬呢？

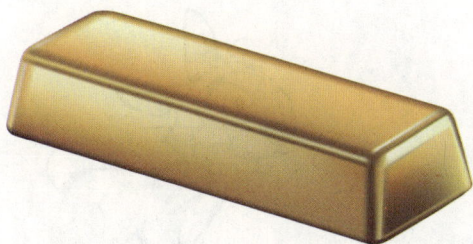

8 称体重

　　甲、乙、丙三个小朋友的体重都在40千克左右，可是称体重的秤只能称出50千克至100千克的重量。怎样才能称出他们每个人的体重呢？

9　赚了多少钱

　　有一个人花了8元钱买了一只兔子，走在路上却后悔了，就以9元钱的价格卖掉了。卖掉之后又想要，于是花了10元钱又把兔子买回来。回家一看，妻子也买了一只兔子，所以又以11元钱的价格把兔子卖掉了。这个人在买卖兔子的过程中赚钱了吗？赚了多少钱呢？

10　复杂的债务关系

　　甲、乙、丙、丁四个人是好朋友。有一天，甲因为要办事就向乙借了10元钱；乙正好也要花钱，就向丙借了20元钱；丙自己没钱，于是向丁借了30元钱。而丁刚好在甲的附近买书，于是就去找甲借了40元钱。

　　恰巧有一天，四个人决定一起出门逛街，趁机将自己借的钱全部还清。这四个人怎样做才能动用最少的钱解决问题呢？

甲　乙

丙　丁

11 明星的年龄

通常明星都很忌讳说自己的年龄，可是有些记者又喜欢刨根问底，不达目的誓不罢休。有位明星不愿意直接回答，又不喜欢说假话糊弄人，就拐弯抹角地说："用我5年后岁数的5倍，减去我5年前岁数的5倍，刚好等于我现在的年龄。"

你能算出这位明星现在的真实年龄吗？

12 称水果

有一个两臂长度不同的天平，给你两个500克的砝码，你能够称出1000克重的水果吗？

13 分馒头

　　幼儿园一共有100个小朋友。如果大班的小朋友1个人分3个馒头，小班的小朋友3个人分1个馒头，100个馒头正好分完。请算一算大班和小班的小朋友各有多少人。

14 再次相遇

　　在一个赛马场里，A马1分钟可以跑2圈，B马1分钟可以跑3圈，C马1分钟可以跑4圈。如果这3匹马同时从起点出发，它们再一次相遇在起点需要几分钟呢？

15　每个数都带 "8"

　　一堆糖果共有120颗，全部分配给6个人：姓王的、姓杨的、姓李的、姓张的、姓方的、姓吴的。这些人不计较得到的糖果数量的多少，但都希望得到的数字里有 "8"。应该怎样分配呢？有几种分配方法呢？

16　分苹果

　　A、B、C 3个人约定9天内各打扫3天卫生。由于C有事，所以没能打扫，就由A、B两人打扫。最终A打扫了5天，B打扫了4天。C回来以后就以9个苹果表示那3天帮助的感谢。你知道C应该怎样按照A、B的劳动成果分配这9个苹果吗？

17 小猴吃桃子

一只小猴子从山上摘来一堆桃子。第一天，它先吃掉了其中的一半，还是嘴馋，又吃掉了剩下一半中的1个；第二天吃掉剩余桃子的一半再加1个；第三天又吃掉剩余桃子的一半再加1个；第四天再吃掉剩余桃子的一半再加1个，这时刚好吃完。你知道小猴子一共摘了多少个桃子吗？

18 各自的数字

如果7只兔子＝2头猪，1只兔子＋1只鸡＝1头猪，1头猪＋1只鸡＝1匹马，2头猪＋5只兔子＝2匹马，4条狗＋3匹马＝2只鸡＋8头猪＋3只兔子。已知兔子代表的数字是2，那么猪、鸡、狗、马代表的数字分别是多少呢？

19 爸妈的钱包

星期天，爸爸妈妈带小芳去买东西，他们一共带了172元。在商场里，爸爸买了一条领带，用去他钱包里钱的$\frac{4}{9}$，妈妈买了一对耳环，用去她钱包里的32元。小芳看看爸爸，又看看妈妈，眨眨眼睛笑着说："爸爸妈妈钱包里的钱现在一样多了。"

刚出家门时，小芳的爸爸妈妈钱包里的钱各有多少呢？

20 小狗跑了多远

小小和丫丫一起出去玩。丫丫带了一只小狗出发10分钟后，小小才出发。小小刚一出门，小狗就向她跑过来，到了小小身边后又马上返回到丫丫那里，就这么一直往返跑着。如果小狗每分钟跑500米，小小每分钟跑200米，丫丫每分钟跑100米，那么从小小出门一直到追上丫丫这段时间，小狗一共跑了多少米？

21 三姐妹分糖果

三个姐妹一共有770颗糖果，她们打算像往常一样分配。以往，当二姐拿4颗糖果时，大姐拿3颗，当二姐拿6颗糖果时，小妹可以拿7颗。你知道三姐妹可以各分到多少颗糖果吗？

22 赔钱还是赚钱

有一个古董商收购了两枚古钱币，后来又以每枚120元的价格出售了这两枚古钱币。其中的一枚（甲）赚了20%，另一枚（乙）赔了20%。和他当初收购这两枚古钱币相比，这个古董商是赚了还是赔了？

23 餐费知多少

一个女孩在一家小饭馆吃午饭、喝冷饮，用餐后共付了6元，其中饭钱比冷饮钱多5元。你知道这个女孩在午饭、冷饮上各花了多少钱吗？

24 消失的1元钱

有三个人去投宿，一晚上30元，三个人每人拿出10元凑够30元后交给了店老板。店老板说今天优惠只要25元就够了，所以拿出5元让服务生退还给他们三人。可是服务生偷偷藏起了2元钱，把剩下的3元钱分给了那三个人，每人分到1元。这样，原来他们三人每人拿出10元，现在又退回1元，也就是三人每人花10－1＝9元，共27元。27元加上服务生藏起来的2元是29元。那么，另外1元钱去了哪里呢？

25 快速计算

已知：A+B＝12，B+C＝13，C+D＝14；那么，A+B+C+D＝？

26 爬楼梯

　　甲和乙一起爬楼梯。甲每一步跨2个台阶，最后剩下1个台阶；乙每一步跨3个台阶，最后剩下2个台阶。甲计算了一下：如果自己每步跨6个台阶，最后剩下5个台阶；如果自己每步跨7个台阶，正好一个台阶不剩。

　　你知道一共有多少个台阶吗？

27 五角星求和

在右边的算式中，每个五角星表示一个数字，表示的数字可以相同，也可以不同。请问，这6个五角星表示的数字总和是多少？

$$
\begin{array}{r}
\bigstar\bigstar\bigstar \\
+\ \bigstar\bigstar\bigstar \\
\hline
1\,9\,9\,6
\end{array}
$$

28 柠檬的数量

奇奇要把柠檬总数的一半加半个放在屋子的东面，把剩下的一半加半个放在屋子的西面，还要把一个藏在冰箱上面。已知柠檬的总数少于9个，请问奇奇一共有多少个柠檬？（注意：不能将柠檬切成半个。）

29 农夫卖猪

一个老实的农夫挑了两筐小猪在集市上卖。不一会儿，旁边就围了一群人。其中一个高个子的男人说："我要买两筐小猪的一半零半头。"话音刚落，一个矮个子的男人说："你若卖给他，我就买剩下的小猪的一半零半头。"没等农夫答话，旁边一个老汉说："你若卖给他俩，我就买他俩剩下的小猪的一半零半头。"农夫听完，一头雾水，心想：小猪哪有卖半头的，这不是存心欺负老实人嘛！正要反驳，但又仔细一想，便答应了。结果农夫照他们三人的说法卖，正好把小猪卖完。你知道农夫一共卖了多少头小猪吗？那三个人各买了几头？

30 果汁的重量

小明买了一大瓶果汁，他不知道果汁有多重，但知道连瓶子一共重3.5千克。现在，他和朋友一起喝掉了一半果汁后，剩余果汁连瓶子共重2千克。你能帮小明算一下瓶子有多重，果汁有多重吗？

31 奖励小红花

期末考试结束了，为了奖励考试成绩好的同学，老师准备了一些小红花。老师是这样说的：要把这些小红花总数的 $\frac{1}{3}$、$\frac{1}{5}$、$\frac{1}{6}$ 分别发给3个同学，还有 $\frac{1}{4}$ 给1个同学，剩下的6朵小红花奖励给另外1个同学。你知道一共有多少朵小红花吗？

32 猜年龄

一天，王老师和小明正在聊天。王老师对小明说："我像你这么大时，你才1岁。"小明笑了笑，调皮地说："我长到您这么大时，您就有43岁了。"你知道他们现在各是多少岁吗？

33 井底之蛙

一只青蛙住在一口井里，它一直想爬出来。这口井有12米深，如果它白天可以爬3米，晚上却掉下去2米，那么这只青蛙多少天才可以爬出来呢？

34 丫丫看书

丫丫最近一直在看《十万个为什么》这本书，今天她又拿起书准备继续看。翻到今天要看的页码，她发现左右两面的页码和为193。你知道丫丫打开的是书的哪两页吗？

35 猫捉老鼠

　　黑猫和白猫比赛捉老鼠，黑猫比白猫捉得多。如果白猫把捉到的3只老鼠给黑猫，则黑猫的老鼠就是白猫的3倍。如果黑猫把捉到的15只老鼠给白猫，则黑猫、白猫的老鼠一样多。你知道这两只猫各捉了多少只老鼠吗？

36 和尚抬水

　　和尚从300米远的地方往回运一桶水，因为太重了，需要两个和尚一起抬水。现在由三个和尚轮流抬水，请你帮忙算一下每个和尚平均抬水走了多远。

37 龟兔赛跑

兔子和乌龟又开始比赛了！这次它们要进行百米赛跑。可是根据它们的速度，兔子到达终点时，乌龟费了九牛二虎之力才可以跑到90米的地方。为了让兔子和乌龟同时到达终点，裁判决定让兔子后退10米起跑。这种做法能让兔子和乌龟同时到达终点吗？

38 卖鸡蛋的妇人

一个妇人卖鸡蛋回来，丈夫问她一共卖了多少。妇人回答说："我也没数。不过我记得第一个人买了我鸡蛋总数的一半少半个，第二个人买了余下鸡蛋的一半少半个，第三个人又买了剩余鸡蛋的一半多半个，最后还剩下2个鸡蛋卖给了第四个人。"请问妇人一共卖了多少个鸡蛋？

39 分香蕉

把1箱香蕉平均分给8个人，最后还剩下6根。如果把6箱这样的香蕉平均分给8个人，最后会剩下几根呢？

40 三人钓鱼

老张、老王、老李三个人去钓鱼，回到家后邻居问他们钓了多少条鱼。老张自豪地说："我钓的鱼最多，数量是他们两个的和。"老王说："老李钓到的鱼最少，不过要是把我们三个人钓的鱼的数量相乘的话，乘积为84。"

请你算一算，老张、老王、老李三个人各钓了多少条鱼？

41 农夫的遗产

一个农夫去世了，留下了几头猪和一封遗书。遗书上写的是：妻子可以分全部猪数量的半数加半头，长子分剩下猪的数量的半数加半头，次子再分剩下猪的数量的半数加半头，幼子再分最后剩下猪的数量的半数加半头。结果正好分完。你能算出农夫留下了多少头猪，妻子和三个儿子又各分了多少头猪吗？

42 穿着搭配

小红有4条裙子、8件上衣、4双皮鞋，把这些混搭在一起，一共有多少种穿着搭配方法呢？

43 谁对谁错

安安家里有一个透明的直圆杯，她往里面倒了一些水。爸爸说杯里的水正好是一半，妈妈说杯里的水不是一半。在不借助任何测量工具的前提下，怎样才能判断他俩谁对谁错呢？

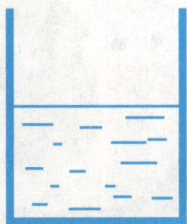

44 有趣的年龄

徐老师家里共有四口人，分别是妻子、儿子、女儿和他自己。今年徐老师的年龄正好是一个完全平方数。他的年龄的两位数的数字之积正好等于他妻子的年龄，数字之和等于他女儿的年龄。而他妻子年龄的数字之和又刚好等于他儿子的年龄。已知女儿的年龄比儿子大，请你算出这四口人的年龄。

45 倔强的蜗牛

有一根10米高的旗杆，一只倔强的蜗牛想要爬到旗杆顶上。它白天可以向上爬3米，晚上会溜下去2米。请问这只蜗牛几天可以爬到旗杆顶上呢？

46 三个人的年龄

甲、乙、丙三人在一起谈论自己的年龄。他们三人都说了三句话，但所说的都不是完全可靠的，每人说的三句中只有两句是正确的。甲说："我比乙小2岁，乙24岁，乙比丙大3岁。"乙说："在三人当中，我的年龄并不是最小的。丙和我相差3岁。丙25岁。"丙说："甲23岁。乙比甲大3岁。我比甲还要小。"根据上述对话，你能推测出他们每个人的年龄吗？

47 歪打正着

爸爸为了培养小胖的心算能力，在纸上写了一个数，他叫小胖用6去除，再把商加35。没想到小胖三心二意，误把那个数用6去乘，并把积减去35，算法与爸爸要求的完全相反。奇怪的是，当小胖报出答案时，爸爸竟然满意地笑了，原来小胖的计算结果竟然是对的。你能用心算算出爸爸在纸上写的是什么数字吗？

48 聪明的管家

古代有一位宰相，为了奖赏考中进士的三个儿子，决定将珍藏多年的21坛美酒分给他们。但是这21坛酒中，7坛是满的，7坛只有半坛酒，还有7坛是空的。按照宰相的意愿，把这些酒分给三个儿子时，不但每人得到的酒应该一样多，连分到的酒坛也要一样多，并且还不能把酒从一个坛子倒入另一个坛子里。不过这并没有难倒聪明的总管，你知道他是怎么分的吗？

49　乒乓球赛

学校组织乒乓球比赛，规定每一个参加比赛的同学在失败后就退出比赛。这次报名的学生有100名，为了决出最后的冠军，总共要进行多少场比赛？

50　帮帮外卖员

幸福小区的平面图如图所示，东南西北四个大门均可出入。某外卖员为了节约时间，希望可以不走重复的路而经过每个单元门口，你能帮他规划出一条合理的路线吗？

51　港口会合

　　某港口停泊了四艘远洋货轮。2018年1月1日，它们同时离开了港口。已知这四艘货轮分别每隔4星期、8星期、12星期、16星期回港口一次，请问这四艘货轮要什么时候才能重新在港口会合？

52　"慈善家"

　　M国有一个"慈善家"，他带了一些钱，说是要救济Z市的失业工人。他对第一个工人说："我可以把我身上带的钱分一半给你，但我要收1元作为手续费。"这样一个一个地说过且分过之后，这个"慈善家"手中还剩2元钱。请问这个"慈善家"一共带了多少钱？他救济了几个失业工人？

53 猴子分桃

5只猴子分一堆桃子，可是分来分去就是不能平分。天色渐渐暗了下来，它们便约定第二天再分。这天夜里，一只猴子偷偷爬了起来，它数了数桃子的数量，然后吃掉1个，再把剩下的分成了5等份，取走了自己应得的1份就回去睡觉了。不久之后，第二只猴子爬了起来，也吃了1个桃子，剩下的正好可以分成5份，它也把自己的1份收了起来。第三、第四、第五只猴子都是这样，吃掉了1个桃子后正好可以分成5份。请问这堆桃子最少有多少个？

54 放洋葱

妈妈买了3个大小不一的洋葱，有4个颜色不同的篮子可供放置，请问共有多少种放置的方法？

55 切苹果

乐乐的6个同学来家里做客，妈妈打开冰箱准备给他们切点水果吃。冰箱里有5个苹果，妈妈想要平分给这6个同学，又不想把苹果切得太碎，每个苹果最多只能切成3块，你能帮她想想办法吗？

56 划船

阿亮是一名划船爱好者。在顺流的时候，他3分钟可以划1千米；逆流的时候，他4分钟可以划1千米。如果是在平静的水面，他划1千米需要多长时间呢？

57 沙漏计时

爸爸给了小华2个沙漏，一个是6分钟漏完的，一个是8分钟漏完的，要求小华用这两个沙漏计算出10分钟的时间。你可以帮助小华解决这个难题吗？

58 佳佳的宠物

佳佳养了几只宠物，她的好朋友小雅问她分别养了什么，佳佳故意卖了个关子，说道："除了2只外都是猫，除了2只外都是狗，除了2只外都是仓鼠。"小雅听了一脸茫然。你知道佳佳养了几只宠物吗？

59 小杨爬楼

小杨上班快要迟到了，可是唯一的一台电梯刚刚上去，于是他决定爬楼梯到10楼。他从1楼爬到5楼用了1分钟。如果不考虑体力的影响，请问他爬完剩下的几楼需要多长时间？

60 池塘的浮萍

浮萍是一种生长速度极快的水生植物。如果在一个池塘里，浮萍每天的面积都扩大1倍，20天可以长满这个池塘，请问浮萍长满半个池塘需要几天？

61 分橘子

小东、小娜、小芳三个人分35个橘子，小芳的橘子是小娜的2倍，小东的橘子只有小娜的一半，请问他们三个人各分得了多少橘子？

62 装核桃

爸爸买了100个核桃，让天天装到6个袋子里，要求每个袋子里核桃的数量都是含有6的数字，请你帮帮天天，想一想每个袋子里要装多少个核桃。

63 黑猫的晚餐

黑猫抓住了10只老鼠，它想把其中的1只作为自己的晚餐。于是它就让老鼠们站成一排，然后从第1个开始，1、2、1、2……地报数，报1的都可以离开，直到最后选出1个报2的老鼠，它就是黑猫今晚的晚餐。请问这个倒霉蛋是原来第几只老鼠呢？

64 喝牛奶

小花去超市买了一瓶牛奶，牛奶和瓶子一共重1000克。回家后小花喝了半瓶牛奶，剩下的牛奶和瓶子一共重550克。请问原来牛奶和瓶子的重量各是多少？

65　放火腿

小王跟着师傅学做西餐，师傅要小王切了10片面包，然后每2片面包里放1片火腿，请问小王最多可以放几片火腿？

66　母鸡下蛋

如果10只母鸡在10天内可以下10个蛋，那么多少只母鸡可以在100天内下100个蛋？

第三章

几何真有趣

1 钝角变锐角

如下图，有一个钝角三角形，要求添加若干条直线把它变成若干个锐角三角形。你能做到吗？（除了原钝角三角形外，不能再有新的钝角三角形和直角三角形。）

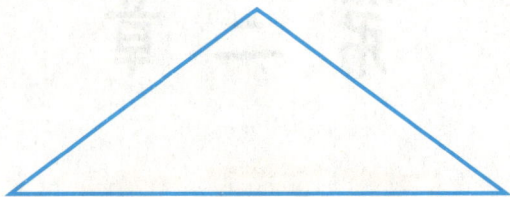

2 圆圈转动的距离

有两个圆圈，半径分别是1和2，若小圆在大圆内部绕圈一周，那么小圆自身转了多少圈？如果在大圆的外部，小圆自身又转了几圈呢？

3 5个三角形

将下图去掉4条线，使其只剩下5个三角形，应该怎么做呢？

4 三棱柱

下列右边四个选项中，哪个是左边三棱柱的展开图呢？

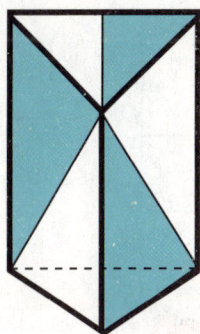

A

B

C

D

5 打开的锥体

下图左侧的锥体展开成平面后，对应的是右侧的哪一个图形？

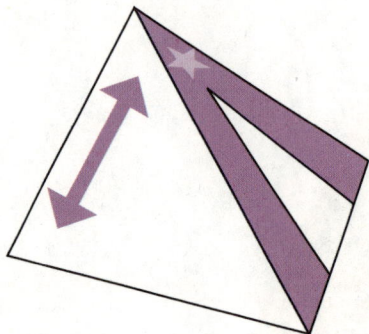

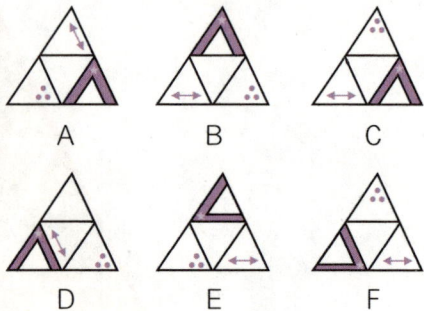

A　B　C

D　E　F

6 苹果棋局

你能把下面5个苹果放在5×5的方格中，使5个苹果不同行、不同列且不在同一对角线上吗？

7 猜一猜

根据下列给出的图形排列规律，猜一猜问号处应该是一个什么图形呢？

8 三角形的面积

有两组线段，一组长度分别是3、4、5，另一组长度分别是300、400、700。如果将它们各自组成三角形，哪组的面积大呢？

9 分割图形

下图是一个不规则的图形，现在要把这个图形分成面积相等的4个图形，而且要保证形状完全一致。该怎么分呢？（注意：不规则图形里的小正方形面积都相等。）

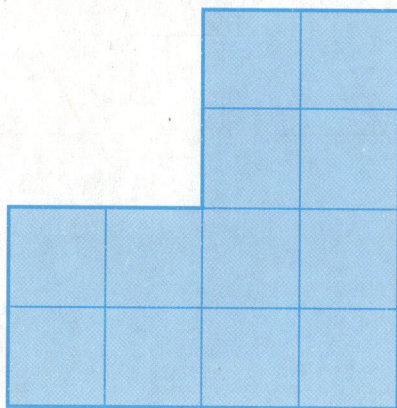

10 拼正方形

奶奶让丽丽用长12厘米，宽10厘米的若干块木板拼出一个正方形。奶奶问丽丽：最少需要多少块这样的木板？拼成的正方形边长是多少厘米？

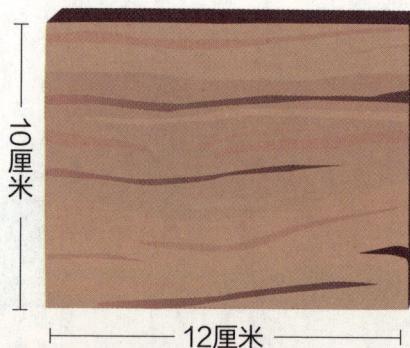

10厘米

12厘米

11 巧分遗产

一位老人去世了，留下了一些遗产，遗产包括如下图所示的土地、4棵果树和4栋房子。老人有4个儿子，临死前老人写下遗嘱要把这些遗产平均分给4个儿子。应该怎样分配，才能保证兄弟4人每人都分到面积相同的相连土地，并且每人的土地上都有1棵果树和1栋房子呢？

12 "小鱼"藏在何处

找一找，左边的小鱼藏在右边的什么地方呢？

13 拼图

下面图中正方形的边长和等腰直角三角形的腰长是相等的。你能利用这些图形，拼成一个大等腰直角三角形吗？

14 找规律填图形（一）

问号处是左边哪个图形呢？

A

B

C

D

15 找规律填图形（二）

问号处是左边哪个图形呢？

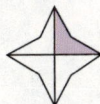

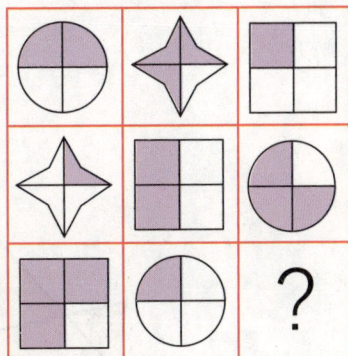

16 长方形的个数

数一数下图中一共有多少个长方形？

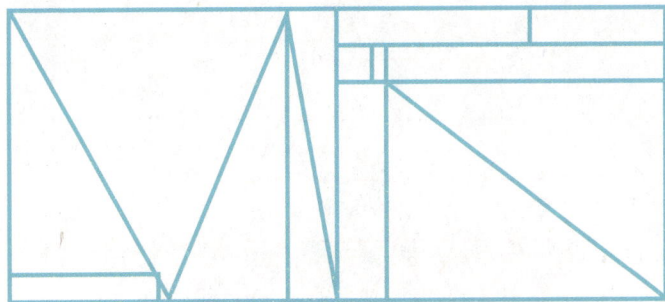

17 三角形的个数

你知道下面图形中有多少个三角形吗?

18 数三角形

数一数下图中共有多少个三角形。

19 正六边形的个数

数一数下图中一共有多少个正六边形。

20 等边三角形的个数

仔细数一数下图中到底有多少个等边三角形。

21 剪2刀

下图是一个正六边形，你知道如何将它剪两刀，然后拼成一个正方形吗？

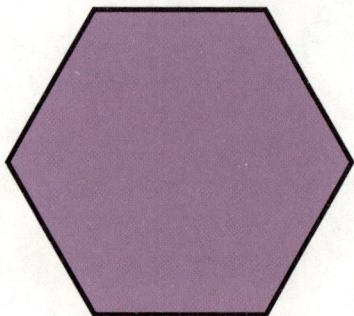

22 神奇的火柴棒（一）

下图是用12根火柴棒组成的6个正三角形，要求每次移动2根火柴棒，使图中正三角形的数量依此变为5、4、3、2。该如何移动呢？

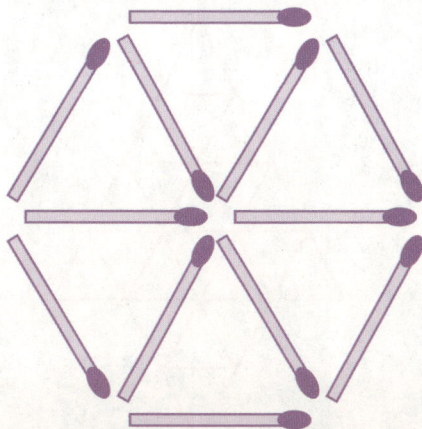

23 神奇的火柴棒（二）

　　下图是由20根火柴棒组成的大小相同的7个正方形。现在要求移动其中的3根火柴棒，并将它们放在适当的位置，使图中的7个大小相同的正方形变成5个正方形。你能做到吗？

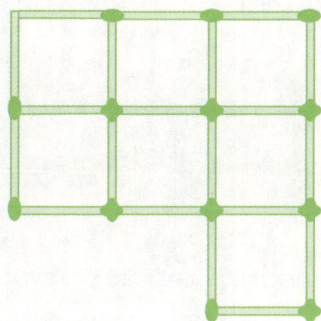

24 神奇的火柴棒（三）

　　下图是由16根火柴棒组成的图形，要求去掉4根火柴棒，把图形变成4个大小相等的三角形。

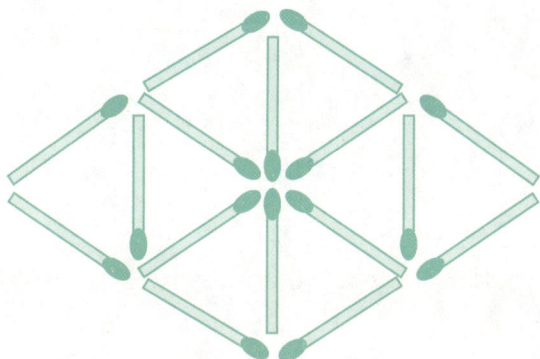

25 神奇的火柴棒（四）

下图是用12根火柴棒组成的1大4小共5个正方形。你能用同样的12根火柴棒摆出2大3小共5个正方形吗？

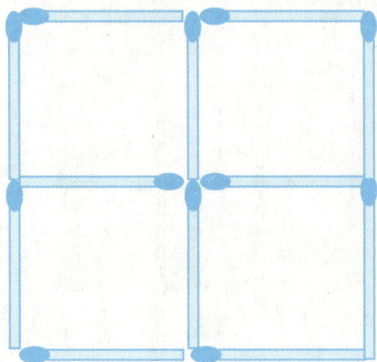

26 神奇的火柴棒（五）

下图是由8根火柴棒组成的"小鱼"。你能只移动其中的3根火柴棒，让"小鱼"调个头吗？

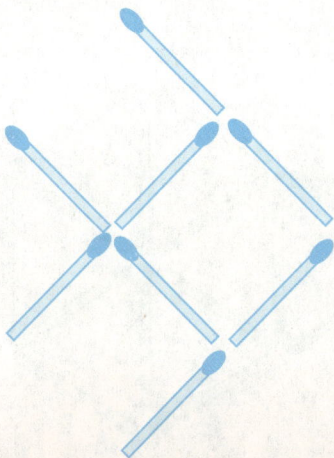

27 神奇的火柴棒（六）

下图是一个用12根火柴棒摆成的直角三角形。现在只需要移动其中的4根火柴棒就可以把三角形的面积缩小一半。你知道该怎么摆吗？你能摆出几种呢？

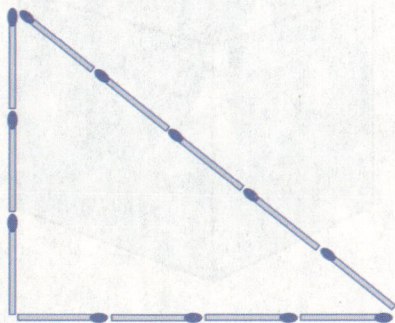

28 神奇的火柴棒（七）

下图是由13根火柴棒组成的小船。你能只移动其中的4根火柴棒，把小船变成3个梯形吗？

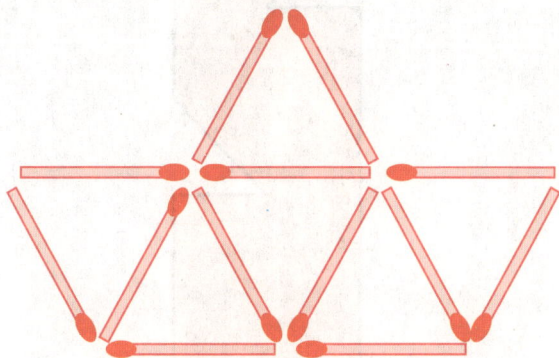

29 最短的距离

在下图中，画出从A到B的最短距离的线段。

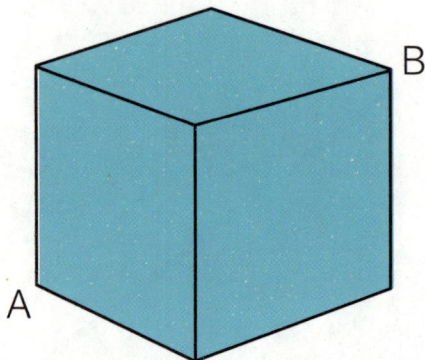

30 等分图形

你能将下面的图形分成大小和形状都相同的6份吗？

31 立方体图案

从不同的视角看到的同一个立方体如下图所示，你能推算出与空白面相对的一面的图案吗？试着直接在图上圈出来吧。

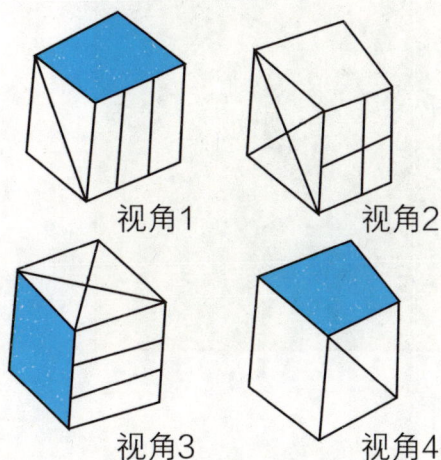

视角1　　视角2

视角3　　视角4

32 立体的"角"

下图是一个正方体，如果切掉其中的一个角，还剩下几个角？（注意：这里的"角"是指立体的"角"，与平面的"角"不同哦！）

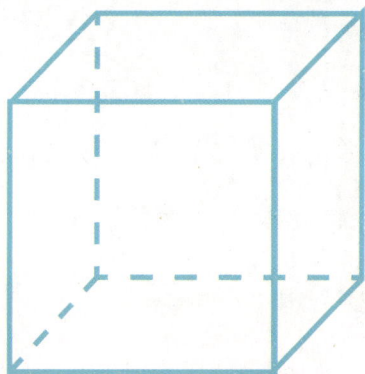

33　平面的角

一个正方形有4个角，切去1个角，还剩几个角呢？

34　神奇的视角

下面左图是从上方垂直往下看到的杯子和盘子的形状。仔细观察，右图中与左图相对应的杯子和盘子是哪一个呢？

A

B

C

D

35 物体的全貌（一）

下图是从三个方向看到的某一个物体的投影。看完这些图形后，你能想象出这个物体的全貌是什么样的吗？

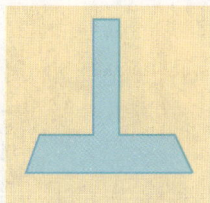

从正面看

从底部看

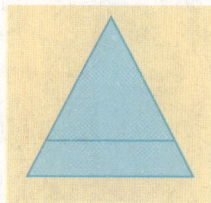

从侧面看

36 物体的全貌（二）

想象一下，这个物体实际上是什么样子的呢？

从上面看

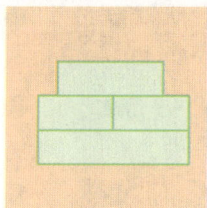

从正面看

从侧面看

37 多少个正方形

用24根火柴搭成如左图所示的形状，可以得到许多正方形，请数一数一共有多少个。用40根火柴搭成的右图，里面又有多少个正方形呢？

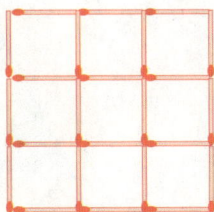

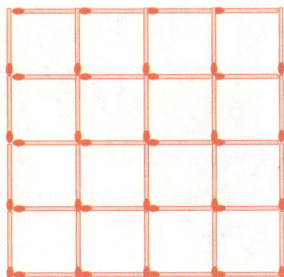

38 巧连9点

下图画了9个点，要求只用4条相连接的线段（一笔画成），将9个点连起来，你能做到吗？

39 奇怪的三角形

下面是一行三角形，每个三角形中都有一个数字，请你算出问号处的数字。

40 先剪再拼

下面是一个不规则图形，你能把它剪2刀然后拼成一个正方形吗？

41 聪明的小杰

老师要求小杰把下图其中的一个圆移动到其他地方，以便可以画出4条直线，让每条直线上都有3个小圆。小杰思考了一会儿，就顺利地画出了图形，你知道他是怎么画的吗？

42 神奇的正六边形

下图是由19个正六边形拼成的图形，请你把1至19这19个自然数填入下图19个正六边形中，让每一列的数字（不管是3个数、4个数还是5个数）之和都等于38。

43 展开图

下图是1个立体图形。如果把它展开，会成为什么样的图形呢？

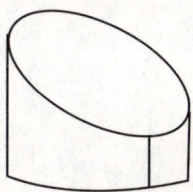

从此处展开

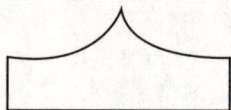

A

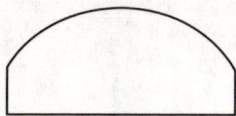

B

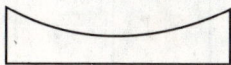

C

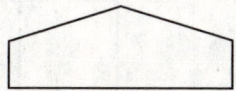

D

44 梯形的面积

如图，已知每个小正方形的面积都是1平方厘米，请问图中梯形的面积是多少平方厘米？

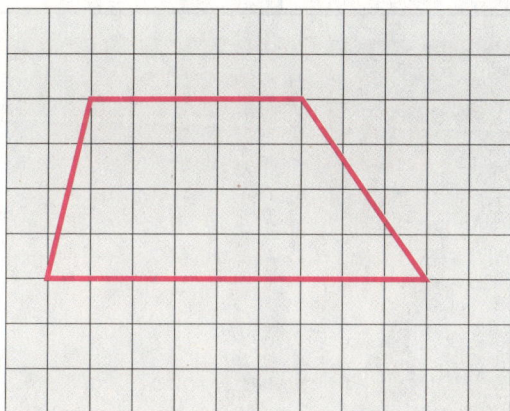

45 放星星

请你在格子里再画5个星星，使得每行每列的星星数量均为偶数，你能做到吗？

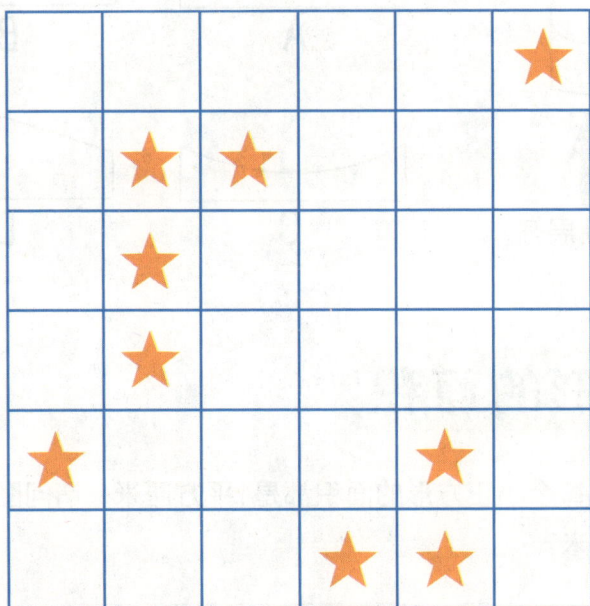

第四章

图形变变变

1 奇怪的符号

仔细观察下面这些奇怪的符号，你发现了什么吗？

2 星月组合

仔细观察，你知道下面的星月组合图中少了哪一块图案吗？

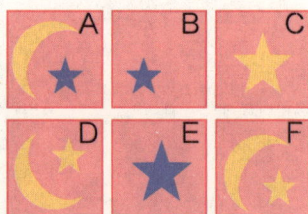

3 隐藏的三角形

下图中有3个三角形，你能够在图中添上一笔，使其变成5个同样的三角形吗？

4 三角形的角

一个三角形有3个角，切去1个角，还剩几个角呢？

5　隐藏的五角星

下图中隐藏着一个漂亮的五角星，仔细看一看，你能找到吗？

6　另类图形（一）

在下列图形中，有一个属于另类图形，与众不同，你能找出是哪一个吗？

A

C

B

D

7 另类图形（二）

下图中哪一个图形与其他几个明显不同，请把它圈出来。

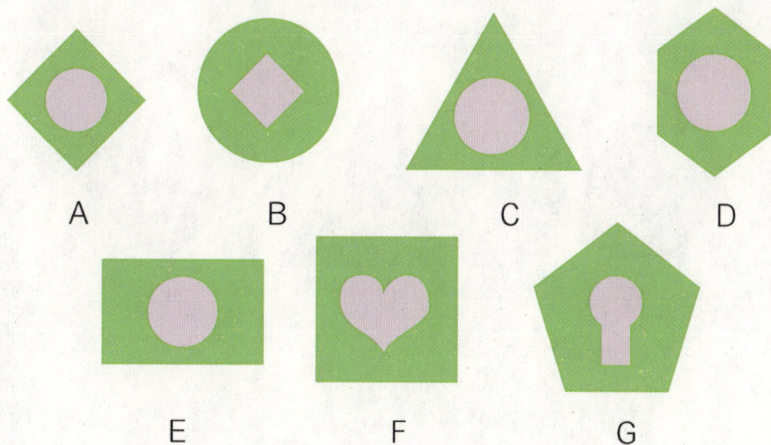

A　　　　　B　　　　　C　　　　　D

E　　　　　F　　　　　G

8 另类图形（三）

仔细观察下面4个图形的特点，找出与众不同的那一个。

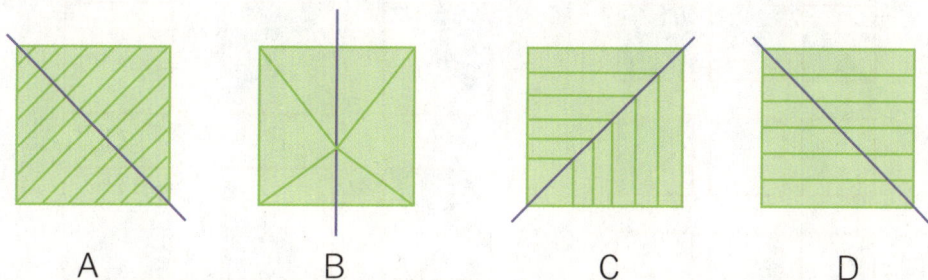

A　　　　　B　　　　　C　　　　　D

9 另类图形（四）

下列图形中，哪一个是与众不同的？

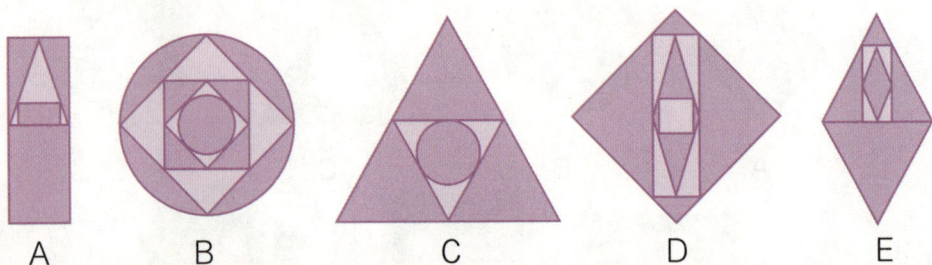

A B C D E

10 找规律猜图形（一）

分析下面图形的排列规律，你能猜到问号处的图形应该是什么样的吗？

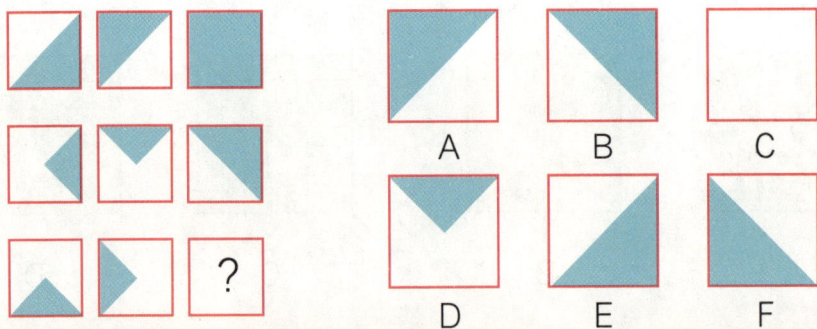

A B C

D E F

11 找规律猜图形（二）

观察下面的图案，从A、B、C、D中选择一个图案放在问号处。

12 找规律猜图形（三）

下图是由不同的图形组成的"金字塔"，你知道"金字塔"顶端的问号处是什么图形吗？

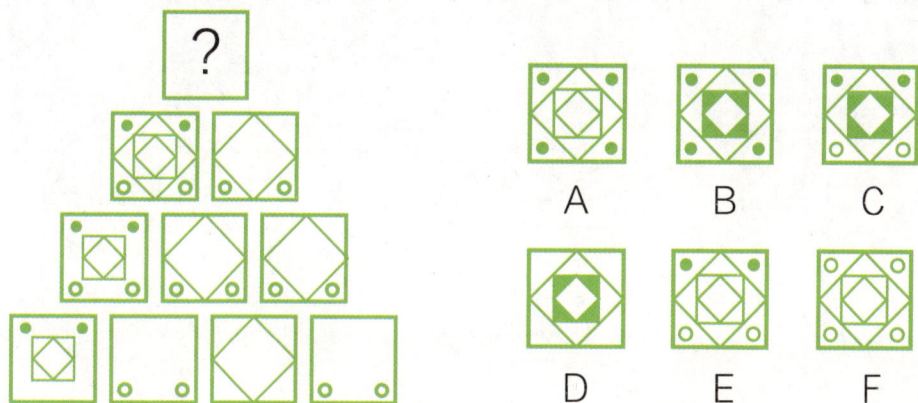

13 奇怪的木板

有一块木板，它的形状很奇怪（如下图）。如果要把这块木板拼成一个正方形，但是只能锯两刀，你知道该怎么锯吗？

14 一笔画

下面有6幅图，其中有的可以用一笔画出来，有的不能用一笔画出来。你能判断出来各有哪些吗？（要求：不能重复已画的路线。）

   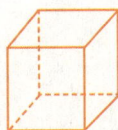  

1　　2　　3　　4　　5　　6

15 消失的水果

下图中有25个方格，方格里放着苹果、梨、柠檬。这些水果的摆放是有规律的，仔细观察它们的摆放顺序，找出问号处应该放的水果。

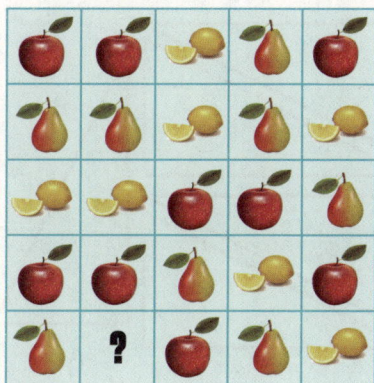

16 坐座位

有15个人相约到一家餐厅吃饭，可是餐厅里只剩下一个六边形的大桌子。如果每一边都必须坐3个人，那么他们应该怎么坐呢？

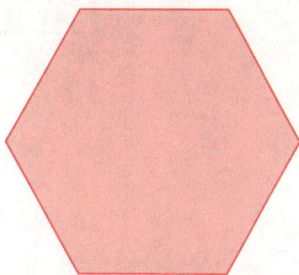

17 巧拼正方形

有5个全等的三角形，已知B边是A边的2倍。现在要求在其中一个三角形上剪一刀，然后把这些图形拼成一个正方形。你能做到吗？

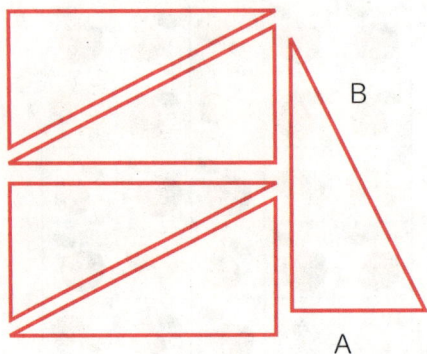

18 六角星变长方形

有一个六角星（如下图），现在要把它拼成一个长方形，你知道该怎么拼吗？

19 问号处的图形

仔细观察下面的图形，想一想问号处的图形是什么样子的。

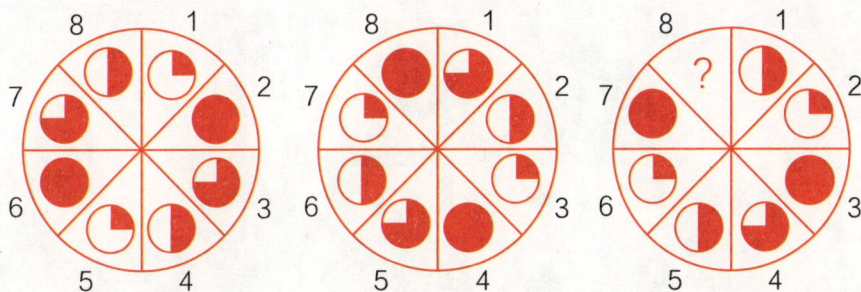

20 选图填空

下图中你知道问号处应该填什么图形吗？

21 猜图形

观察下面的图形，你知道第三个正方形右下角应该填什么图形吗？

22 找一找，猜一猜

根据下列图形的排列规律，猜一猜最后一个三角形右下角应该填什么样的图形。

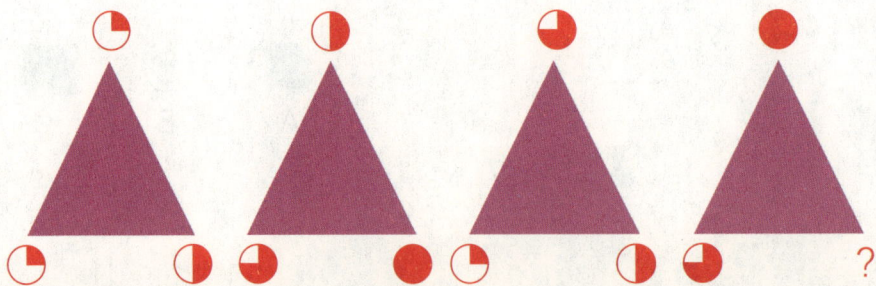

23 不对称的图形

在下面的四组图中，只有一组与其他三组不对称，请将它找出来。（提示：对称分上下对称、左右对称和旋转对称。）

A   B   C   D

24 八边形变形

将下面的八边形分割成8个大小相等的三角形和一个空心八边形，再利用这些三角形组成一个含有8个尖角和一个空心八边形的星形。你能做到吗？

25 找规律画图形

仔细观察下图，画一画问号处的图形。

26 巧分月牙

你能用两条直线将下面的月牙分成6个部分吗？

27 拼成正方形

下面有5个图形，你能用这些图形拼成一个正方形吗？

1   2   3

4   5

28 三角形部件

如左图所示，一共有12个由不同数量的三角形组成的部件。你能将这12个部件放进右下方给出的图形中，将其完全覆盖吗？

29 组成立方体

假设每一块砖头的大小相同，都是立方体。那么下图还需要至少多少块砖头才能组成一个完整的立方体呢？（不改变现有立方体位置）

30 符合规律的图形

请根据两边图形的规律，在空白处画出适当的图形。

31 正方形与圆圈

请观察下图的规律，在空白处画出正确的图形。

32 分苹果

下图有5个苹果。请画一个正方形，把5个苹果彼此隔开。

33 黑白棋子

下图有16枚棋子，黑白子各8枚，相间摆放。请问至少要移动几枚棋子，才能使白棋、黑棋各一排？

34 连珍珠

下图有5颗珍珠分散着。请画一个圆把它们连在一起。

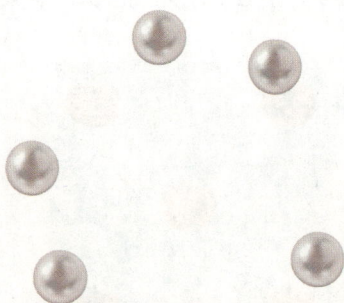

35 分方块

下图是一个由18个方块组成的图形。请把它平均分成2个大小相同的图形。

36 不同的骰子

请找出与其他三项不同的骰子。

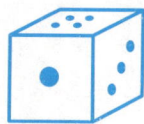 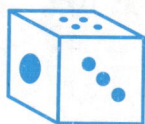 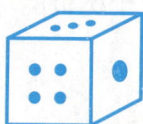 

A B C D

37 保持平衡

请根据上面2个天平的规律，确定第3幅图的右边应该有几个月亮？

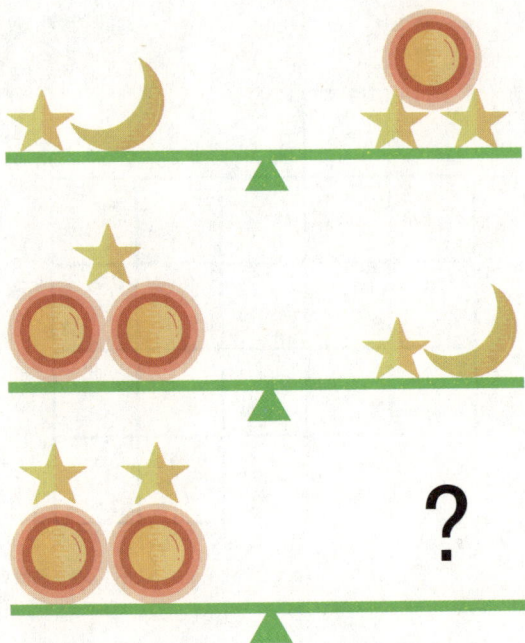

38 树桩的年龄

下图有4个树桩，哪一个树桩的年龄最小？

A   B   C   D

39　有规律的钟面

请根据前3个钟面的规律，画出第4个钟面时针和分针的位置。

40　分钟面

请用直线把下图的钟面分成3份，使每1份的数字加起来都相等。

41 称重量

根据图片，请算一算1头牛相当于多少只狗的重量。

42 推测数字

左图的阴影方框代表6，右图的阴影部分代表几？（9个格子代表1~9不同的数字。）

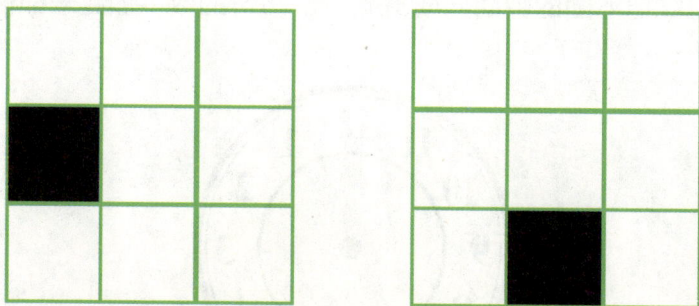

43 不同的图形

下面4幅图，其中哪幅与其他3幅不一样？

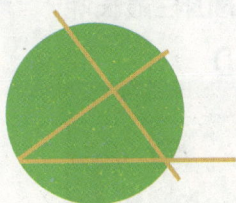

A

B

C

D

44 巧拆奖台

下图是一个很大的颁奖台。请用一刀把颁奖台切成2块，使它们能够拼成1个正方形。

45 白菜地

下图是一块白菜地。A、B、C、D4人分别分到了19棵白菜，并且用围栏把自己的白菜地围了起来。那么，谁的围栏最长呢？

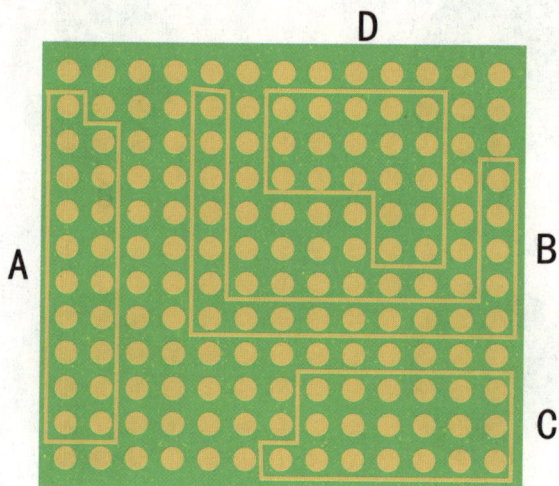

46 拆分图形

左图是完整的图形，把它们拆分成两部分会是什么样的图形呢？请用线连一连吧。

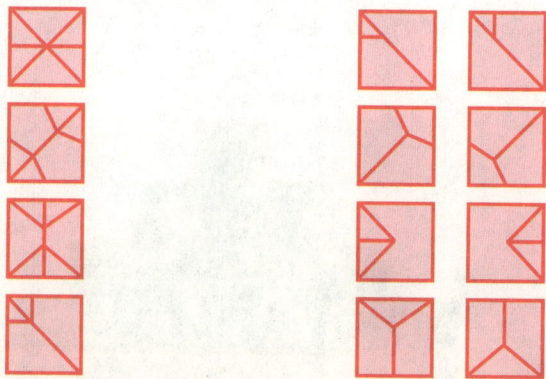

47 巧去硬币

下图有12个硬币，每1个硬币是正方形的顶点。请去掉3个硬币，使剩下的硬币是3个三角形的顶点。

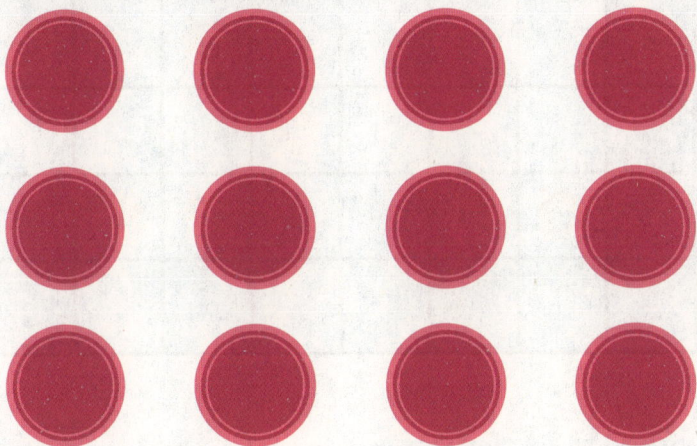

48 数箱子

仓库中摆放着许多箱子，但是有的箱子被遮挡住了。请数一数这里一共有多少个箱子。

49 分配土地

请把这一片土地分成8块面积大小相等的土地，使每1块土地上都有1座房子。

50 折成立方体

请仔细观察，下图哪一个图形不能折成立方体？请把它圈出来。

51 拼成字母

下面有4个图形，请把它们拼成1个英文字母。

52 不相称的图形

下图只有1个图形与其他3个图形不是同一类，请把这个图形找出来。

A

B

C

D

越玩越聪明 的 数学游戏

53 数方块

请数一数下图一共有多少个小方块。

54 对应的图形

请根据第一行和第二行图形的规律，选出问号处的图形。

 ?

A

B

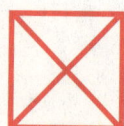
C

参考答案

第一章　数字真奇妙

1. 奇妙的连环等式

$(0) \times (7) \div (5) + (9) - (1) = (4) \times (3) \div (6) + (8) - (2)$

2. 车牌号码之谜

$88 \times 88 = 7744$。

3. "摇"出来的算式

　　由于是两个三位数相加，观察算式可知其和最大可能是1998，因此"使"字代表1；"摇"字可能代表8，也可能代表9。如果"摇"字代表8，那么"啊"字代表6，"劲"字代表1，由于不同的汉字对应不同的数字，"劲"字与"使"字不能同时代表1，所以"摇"字不能代表8。如果"摇"字代表9，此时"啊"字代表8，"劲"字代表0，符合题意，算式成立，即：$989 + 109 = 1098$。

4. 纠正不等式

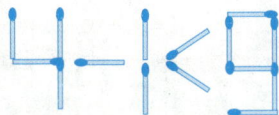

5. 等式方阵

6. 横向思维

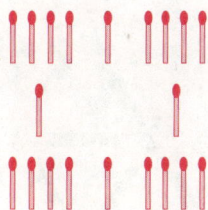

7. 趣味火柴棒

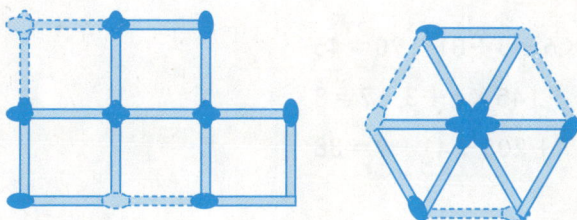

8. 还原等式

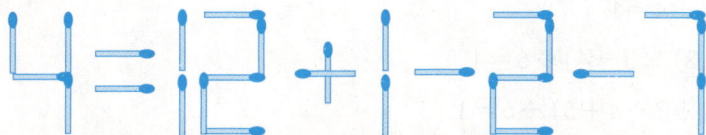

9. 3＜？＜4

圆周率 π。

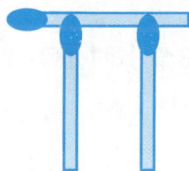

10. 圆圈里的数字

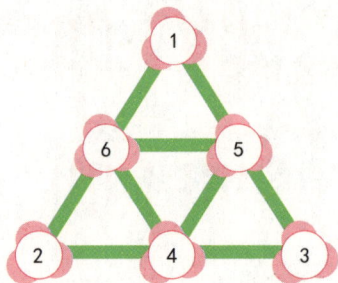

11. 数字排排坐

（1）27×6÷3+81-90＝45

（2）290÷145×6+3-7＝8

（3）6×7+205÷41-9＝38

12. 从1到1

此题答案不唯一。

(1+2)÷3＝1

12÷3÷4＝1

[(1+2)×3-4]÷5＝1

(1×2+3-4+5)÷6＝1

{[(1+2)×3-4]÷5+6}÷7＝1

[(1+2)÷3×4+5+6-7]÷8＝1

(1×2+3+4-5+6+7-8)÷9＝1

13. 奇怪的等式

在时间上，早上7点钟再过8个小时是下午3点钟。

14. 独具特色的数

66　36　54　45

15. 海上明月

1089×9＝9801。

从千位数上看，被乘数的首位数字"海"至少是1，积的首位数字"月"最多是9，而积是被乘数的9倍，所以"海＝1，月＝9"。

又因为被乘数的百位数字"上"乘以9不能进位，而个位数字"9"乘以9要向十位进8，所以"上＝0，明＝8"。

最后，原来的算式为：$1089×9＝9801$。

16. 巧填数字

本题答案不唯一，现提供一种答案供参考。

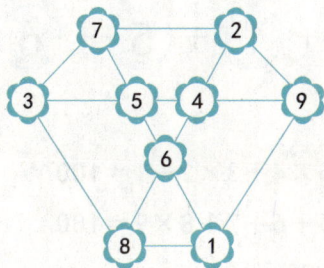

17. 找规律填数

22。可以先试着求相邻两数之间的差，顺次得到2，3，4，5。这样就可以看出规律，即后一个差总是比前面相邻的差大1。所以，往16后面再添一个差，即6。由此可见，括号里应该填的数是：$16＋6＝22$。

18. "二带一"

21。把每相邻的两个数相加，得到的结果数是后面紧跟着的那个数，简称"二带一"。所以括号里应该填的数是：$8＋13＝21$。

19. 移动数字

$101－10^2＝1$

20. 与众不同的分数

与众不同的分数是$\frac{49}{28}$，因为只有它的分子比分母大，其余的分数都是分子比分母小。

21. 填圆圈

$$⑧ + ② + ③ + ⑨$$
$$+ \qquad\qquad +$$
$$④ \qquad\qquad ⑦$$
$$+ \qquad\qquad +$$
$$⑩ + ① + ⑤ + ⑥$$

22. 算术运算

（1）$9×8+7-6+5×4+3×2+1=100$

（2）$1+2+3+4+5+6+7+8×9=100$

（3）$123-45-67+89=100$

23. 永恒的"5"

$1=55÷55$（或$1=5÷5×5÷5$）

$2=5÷5+5÷5$

$3=(5+5+5)÷5$

$4=(5×5-5)÷5$

$5=5+5×(5-5)$

24. 戴面具的数字

5。由题中的算式可以得出：$□△-△□=（□×10+△）-（△×10+□）=□×9-△×9=（□-△）×9$。

从上面可以看出，差一定是9的倍数，也就是说，○4是9的倍数。另外，当一个数是9的倍数时，它每位上的数字的和也是9的倍数。所以，○+4是9的倍数。因此，○=5。

25. 数字乐园

4	1	7	3	5
3	5	4	1	7
1	7	3	5	4
5	4	1	7	3
7	3	5	4	1

26. 奇妙表格

先把字母按字母表顺序转化成数字，可以发现前3个图形中，下格数字等于上面两格数字之和。所以问号处应填入19。

27. 梅花速算

(1) 3　(2) 8

28. 图形等式

(1) B　(2) E　(3) E

29. 2和3的妙用

本题答案不唯一，现提供一种答案供参考。

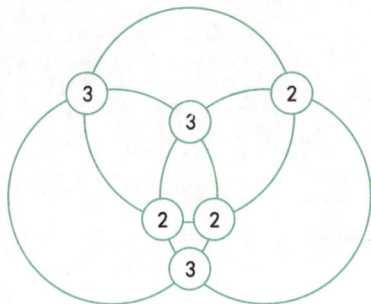

30. 纵横等式

9	+	5	×	2	−	3	=	25
+		+		×		+		
2	+	9	−	3	×	5	=	40
−		×		+		−		
5	−	3	×	9	+	2	=	20
×		−		−		×		
3	+	2	×	5	−	9	=	16
=		=		=		=		
18		40		10		54		

31. 切割菱形

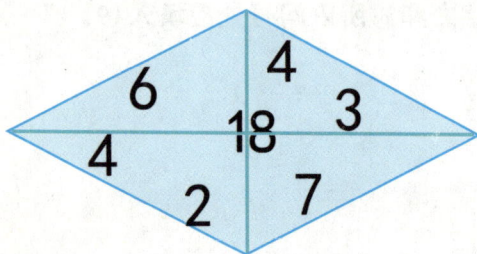

32. 数字摩天轮

60。问号所在点放射出去的线段两端的数字乘积均为60。

33. 4的运算

$4 \div 4 \times 4 \div 4 = 1$

$4 \div 4 + 4 \div 4 = 2$

$(4 + 4 + 4) \div 4 = 3$

$(4 - 4) \times 4 + 4 = 4$

34. 巧列算式

$1 + 7 = 8$，$4 + 5 = 9$，$2 \times 3 = 6$。

35. 快速求和

C。4个选项个位数都不相同，因此只需要将算式各部分的个位数相加，得出算式结果的个位数即可，5＋7＋3＋3＝18，即算式结果的个位数是8，故选C。

36. 图形算式

$\triangle$＝21，☆＝19，$\bigcirc$＝14。

37. 按规律填数字

1和9。因为B＋D＝E，所以E列问号处为9；又因为E－A＝C，所以C列问号处为1。

38. 巧填横式

（416＋8－23）×5＝2005。

先把2005分解为401×5，然后再尝试计算□□□＋□－□□＝401即可得出答案。

39. 补充表格

观察可知，A÷B的余数是C，所以问号处应该填6。

40. 第15行

197。每一行数的数量依次为1、2、3、4……每一行末尾的数字是所在行数的平方数，每一行的第一个数是上一行末尾数字加1得到的，故第14行的最后一个数为14^2，再加1即为197。

41. 有规律的三角形

分别是21、17和8、20。

上面两个三角形的3个数存在如下关系：6×3＝18，18－4＝14；5×3＝15，15－4＝11。所以第三个和第四个三角形可以填出：7×3＝21，21－4＝17；24÷3＝8，24－4＝20。

42. ABCD

224。A×B×C×D＝14×16＝224。

第二章　算术动动脑

1. 鸡兔同笼

鸡22只，兔14只。假设鸡有x只，则兔有(36−x)只，由题意可得：2x＋4(36−x)＝100，解方程可得x＝22。所以鸡有22只，兔有36−22＝14（只）。

2. 狮虎竞赛

老虎先回到出发点。老虎跑完100米正好跳了50次，全程往返共跳了100次。狮子跳了33次，跑了99米，最后一米又要跳一次，往返共跳了68次，等于老虎跳了102次。因此，当狮子跳67次时，老虎已经回到出发点了。

3. 蜜蜂采蜜

共有15只蜜蜂。设共有x只蜜蜂，那么$\frac{x}{5}+\frac{x}{3}+3(\frac{x}{3}-\frac{x}{5})+1=x$，x＝15。

4. 分糖果

84颗。根据题意，设大班人数为x人，则小班有（x＋2）人，糖果总数不变，那么5x−6＝(x＋2)×4＋4。得出x＝18。小班有18＋2＝20（人），糖果数量为18×5−6或20×4＋4，等于84颗。

5. 100只羊

36只。根据题意，如果不算上牧羊人乙的那只羊，那么最后的总数是99只。并且这时的总数等于羊群原来的数量加上添进去的一群，再加$\frac{1}{2}$群和$\frac{1}{4}$群，所以这群羊的数量是：99÷$(1+1+\frac{1}{2}+\frac{1}{4})$＝36（只）。

6. 换矿泉水

39瓶。20元钱可以买20瓶矿泉水，20个空瓶可以换10瓶矿泉水，10个空瓶再换5瓶矿泉水，5个空瓶再换2瓶矿泉水，剩1个空瓶。2瓶矿泉水喝完再拿2个空瓶换1瓶矿泉水，喝完之后剩1个瓶子，加上原来剩的那个空瓶子，可再换1瓶矿泉水。

7. 支付工资

把金条分成3段，分别是整根金条的 $\frac{1}{7}$，$\frac{2}{7}$，$\frac{4}{7}$。第一天给 $\frac{1}{7}$；第二天给 $\frac{2}{7}$，收回 $\frac{1}{7}$；第三天给 $\frac{1}{7}$；第四天给 $\frac{4}{7}$，收回 $\frac{1}{7}$ 和 $\frac{2}{7}$；第五天给 $\frac{1}{7}$；第六天给 $\frac{2}{7}$，收回 $\frac{1}{7}$；第七天给 $\frac{1}{7}$。

8. 称体重

假设：第一步甲和乙称，得出x，第二步乙和丙称，得出y，第三步甲和丙称，得出z。$\frac{x+y+z}{2}$ 为甲、乙、丙的总重量，用 $\frac{x+y+z}{2}-x$ 就是丙的重量。以此类推，问题就得以解决了。

9. 赚了多少钱

赚钱了，赚了2元钱。第一次以9元钱卖掉时赚了1元钱，第二次以11元钱卖掉时又赚了1元钱。也可以看作，此人用18元钱买回两只兔子，卖了20元钱，共赚2元钱。

10. 复杂的债务关系

甲在此事中付出30元钱，乙、丙、丁在此事中各获得10元钱。只要让乙、丙、丁各拿出10元钱还给甲就可以了。

11. 明星的年龄

50岁。用x表示这位明星现在的年龄，根据明星的自述可以得出下面的等式：

$x=(x+5)\times5-(x-5)\times5$

$=[(x+5)-(x-5)]\times5$

$=10\times5$

$=50（岁）$

12. 称水果

两个砝码放在天平左边，天平右边放水果。平衡后把左边的砝码换成水果，这时左边的水果就与两个砝码一样重，也就是1000克。

13. 分馒头

设大班人数为x人，则小班有（100−x）人，列出方程：$3x+\frac{1}{3}$（100−x）=100，得出x=25。小班人数：100−25=75（人）。

14. 再次相遇

1分钟。设n分钟相遇，此时A马跑了2n圈，B马跑了3n圈，C马跑了4n圈。它们的圈数之差为整数，其差值有n和2n。要使这两个数都为整数，n最小为1。

15. 每个数都带"8"

首先把120颗糖果分成6堆，若要使每堆的数目都带"8"，只有一种方法：120＝8＋8＋8＋8＋8＋80。然后只需在王、杨、李、张、方、吴这6个人中，任意确定1个人拿80颗，其余的人拿8颗即可。所以共有6种分法。

16. 分苹果

在帮C打扫的3天中，A打扫2天，即$\frac{2}{3}$；B打扫1天，即$\frac{1}{3}$。因此，A应得6个苹果，B应得3个苹果。

17. 小猴吃桃子

30个桃子。可以用还原法，从后往前推。因为第四天吃去前一天所剩桃子的1半再加1个，刚好吃完（剩0个），所以第三天吃剩的桃子个数是（0＋1）×2＝2（个）。同理，第二天吃剩的桃子的个数为（2＋1）×2＝6（个），第一天吃剩的桃子的个数为（6＋1）×2＝14（个），那么第一天摘回来的桃子的个数就为（14＋1）×2＝30（个）。

18. 各自的数字

猪＝7，鸡＝5，狗＝9，马＝12。

19. 爸妈的钱包

爸爸有90元，妈妈有82元。

假设在刚出门时爸爸有x元，那么妈妈就有（172－x）元，根据题意可得：$x \cdot (1 - \frac{4}{9}) = (172 - x) - 32$，整理后可得：$\frac{14}{9}x = 140$。所以，x＝90，（172－x）＝82（元）。

由此可见，从家里出来时，爸爸钱包里有90元，妈妈有82元。买领带时，爸爸付出40元；买耳环时，妈妈付出32元。结果两人都剩下50元，恰好相等。

20. 小狗跑了多远

小狗跑了5000米。小狗的奔跑速度是不变的，只需要知道小狗跑了多长时间就可以算出距离了。而小小追上丫丫需要100×10÷（200－100）＝10（分钟），因此小狗跑了500×10＝5000（米）。

21. 三姐妹分糖果

以二姐的比例作为参考，4和6的最小公倍数是12，所以三姐妹的分配比例为9：12：14。因此，770颗糖果的分法如下：大姐分到$770 \times \frac{9}{9+12+14} = 198$（颗），二姐分到$770 \times \frac{12}{9+12+14} = 264$（颗），小妹分到$770 \times \frac{14}{9+12+14} = 308$（颗）。

22. 赔钱还是赚钱

他赔了10元。假设他收购古钱币甲时花了A元，收购古钱币乙时花了B元。那么，A（1＋20%）＝120，B（1－20%）＝120，可知A＝100元，B＝150元，A＋B＝250（元），他卖古钱币得到240元，因此赔了10元。

23. 餐费知多少

饭钱是5.5元，冷饮钱是0.5元。可设午饭钱是x元，则冷饮钱是（6－x）元，根据题意可得：x－（6－x）＝5，解得x＝5.5，（6－x）＝0.5（元）。

24. 消失的1元钱

这是一道迷惑人的题目。客人们一共付出了（9＋9＋9）＝27（元），老板与服务生共得到(25＋2)＝27(元)，其实是完全相等的。

25. 快速计算

26。A＋B＋C＋D＝(A＋B)＋(C＋D)＝12＋14＝26。

26. 爬楼梯

35。（答案不唯一）由题目可知该台阶数为7的倍数，且为奇数，再结合其他条件即可推出答案。

27. 五角星求和

52。根据算式，两个三位数的和等于1996。一个三位数最大不会超过999，所以两个三位数相加最大不会超过1998。现在的和是1996，所以只有三种可能：999＋997＝1996，998＋998＝1996，997＋999＝1996。在以上三种情况下，加数的各位数字的和相同，（9＋9＋9）＋（9＋9＋7）＝（9＋9＋8）＋（9＋9＋8）＝52。所以6个五角星表示的数字总和是52。

28. 柠檬的数量

共有7个柠檬。由于题目中要求不能将柠檬切成半个，所以柠檬的个数应为奇数，奇数的一半再加上半个，正好是整数。又已知柠檬的总数少于9个，可取3、5、7。但3、5不符合条件，所以可以推断柠檬的总数为7个，其中4个被藏在屋子的东面，2个藏在西面。

29. 农夫卖猪

用倒推法可知农夫共卖了7头小猪。高个子的男人买了4头，矮个子的男人买了2头，老汉买了1头。

30. 果汁的重量

瓶子重0.5千克，果汁重3千克。由题意可知，果汁的一半重3.5－2＝1.5（千克），所以果汁重1.5×2＝3（千克），则瓶子重3.5－3

＝0.5（千克）。

31. 奖励小红花

120朵。根据题意可知，小红花一共有 $6 \div \left(1 - \frac{1}{3} - \frac{1}{5} - \frac{1}{6} - \frac{1}{4}\right) = 120$（朵）。

32. 猜年龄

小明15岁，王老师29岁。小明从1岁到他现在的年龄，从他现在的年龄到王老师现在的年龄，以及王老师从现在的年龄到43岁，这中间间隔是相等的，正好是他们俩的年龄差：（43－1）÷3＝14，可知小明现在的年龄是1＋14＝15（岁），王老师现在的年龄是15＋14＝29（岁）。

33. 井底之蛙

10天。青蛙实际上每天上升1米，井深12米。以此计算，9天就爬到9米高，离顶端还差12－9＝3（米）。因为青蛙在白天可以爬3米，所以它在第10天的白天就可以爬出来了。

34. 丫丫看书

丫丫打开书的页码是96页和97页。可以设左边的页码为x页，那么右边的页码为（x＋1）页，根据题意可得x＋（x＋1）＝193，解得x＝96，x＋1＝97。

35. 猫捉老鼠

根据黑猫给白猫15只老鼠后，两只猫的老鼠数量一样多，可知黑猫比白猫多捉30只。设白猫捉了x只，则黑猫捉了（x＋30）只，由题意可知：（x－3）×3＝（x＋30）＋3。求解可得x＝21，白猫捉了21只老鼠，则黑猫捉了21＋30＝51（只）。

36. 和尚抬水

300米一直由两人抬，可以看作共走了300×2＝600（米），所以每个小和尚平均抬水走了600÷3＝200（米）。

37. 龟兔赛跑

不能。兔子跑100米，乌龟才跑90米。兔子又跑10米到达终点，这时乌龟才跑了9米，还差1米才能到达终点。

38. 卖鸡蛋的妇人

共卖了17个鸡蛋。此题用还原法计算：如果第三个人不买，鸡蛋的个数为（2＋0.5）×2＝5（个）；如果第二个人不买，鸡蛋的个数为（5－0.5）×2＝9（个）；如果第一个人不买，鸡蛋的个数为（9－0.5）×2＝17（个）。

39. 分香蕉

4根。分1箱剩下6根香蕉，分6箱就会剩下36根香蕉，这样每个人还可以分4根香蕉，最后还剩下4根香蕉。

40. 三人钓鱼

老张钓了7条，老王钓了4条，老李钓了3条。

41. 农夫的遗产

农夫留下15头猪。从后面向前推算，幼子分得最后剩下的半数再加半头，可以推想出半头就是半数，也就是说幼子分得1头猪。以此类推，可知妻子分得8头，长子分得4头，次子分得2头。

42. 穿着搭配

128种。计算方法为：4×8×4＝128（种）。

43. 谁对谁错

将杯子倾斜，使对角面水平。如果水面正好在杯子的对角面上，则杯里的水是一半，否则就不是一半。（如下图所示）

44. 有趣的年龄

由"徐老师的年龄正好是一个完全平方数",可知徐老师的年龄可能是：81、64、49、36、25；并可推出徐老师妻子的年龄可能是：8、24、36、18、10。符合实际情况的年龄只有以下两组：

徐老师49岁，妻子36岁。或者徐老师36岁，妻子18岁。

相对应地，他们孩子的年龄是：女儿13岁，儿子9岁；或者女儿9岁，儿子9岁。

根据"女儿的年龄比儿子大"可知，唯一合理的答案是徐老师49岁，妻子36岁，女儿13岁，儿子9岁。

45. 倔强的蜗牛

蜗牛爬7天，可以向上爬7米，再爬上一个白天，就爬了10米到达旗杆顶了。因此蜗牛爬到旗杆顶上需要8天。

46. 三个人的年龄

从甲说的第一句话开始分析。如果甲的第一句话是对的，即甲是22岁，那么丙的第一句话就是错的。根据题意，假设丙的后两句话是对的，那么乙应该是26岁，丙最小，应该小于22岁。这样一来，乙的后两句话都错了，这不符合题意。因此，开始的假定（即认为"甲的第一句话是对的"）是不正确的，甲的第一句话不可能对。因此，甲的后两句话就是对的。也就是说乙24岁，丙21岁。于是可知丙的第二句话是错误的，他的第一、第三句话是对的。所以甲23岁。综上可得出结论：甲23岁，乙24岁，丙21岁。

47. 歪打正着

这个数字用6除加35的结果与用6乘减35的结果相等，说明此数的6倍与此数的$\frac{1}{6}$的差等于35的2倍，即此数的$\frac{35}{6}$等于70。所以此数为$70 \div \frac{35}{6}$ =12。列成综合算式为（35+35）÷（6-$\frac{1}{6}$）=12。

48. 聪明的管家

大儿子得到的满酒坛、半满酒坛和空酒坛的数量为：3、1、3；二儿子得到的满酒坛、半满酒坛和空酒坛的数量为：2、3、2；小儿子得到的满酒坛、半满酒坛和空酒坛的数量为：2、3、2。

49. 乒乓球赛

因为每一次比赛后就有一个参赛者退出比赛，而冠军只有一人，那么就必须有99个参赛者被淘汰。因此总共要进行99次比赛。

50. 帮帮外卖员

可以从东门进入，北门离开；或者从北门进入，东门离开。（如下图所示）

51. 港口会合

四艘货轮要在港口会合，所需时间应为四艘船各自返港所需时间的最小公倍数。4、8、12、16的最小公倍数是48，所以这四艘轮船要在48星期后才能重新在港口会合，即它们要在2018年12月3日才能重新在港口会合。

52. "慈善家"

"慈善家"只带了两元钱。没有一个失业工人得到他的救济。

53. 猴子分桃

如果多给4个桃子，则5只猴子每次都可以平均分且无剩余。

设多给4个后共有X个桃子。

第一只猴子走后剩下的桃子数量：$x \times \frac{4}{5}$；

第二只猴子走后剩下的桃子数量：$x \times \frac{4}{5} \times \frac{4}{5}$；

第三只猴子走后剩下的桃子数量：$x \times \frac{4}{5} \times \frac{4}{5} \times \frac{4}{5}$；

第四只猴子走后剩下的桃子数量：$x \times \frac{4}{5} \times \frac{4}{5} \times \frac{4}{5} \times \frac{4}{5}$；

第五只猴子走后剩下的桃子数量：$x \times \frac{4}{5} \times \frac{4}{5} \times \frac{4}{5} \times \frac{4}{5} \times \frac{4}{5} = x \times \frac{1024}{3125}$。

因为 $x \times \frac{1024}{3125}$ 一定是整数，所以X最小是3125。

所以原来的桃子最少有：$3125 - 4 = 3121$（个）。

54. 放洋葱

①每个篮子放一个洋葱，有4×3×2=24种；

②每个篮子放二个洋葱，有3×4×3=36种；

③每个篮子放三个洋葱，有4种；

共：64种。

55. 切苹果

先把其中的3个苹果各切为两半，就有了6份半边的苹果。然后再把剩下的2个苹果分别切为3份，就有了6份 $\frac{1}{3}$ 的苹果，这样6个孩子都可以分到1份半边苹果和1份 $\frac{1}{3}$ 的苹果。

56. 划船

3. 43分。 $\left(\frac{1}{3} + \frac{1}{4} \right) \div 2 = \frac{7}{24}$（千米/分），$1 \div \frac{7}{24} \approx 3.43$（分）

57. 沙漏计时

让6分钟和8分钟的沙漏同时开始漏，当6分钟的沙漏漏完时，8分钟的沙漏还剩2分钟，此时马上让6分钟的沙漏再漏。等到8分钟的沙漏漏完时，6分钟的沙漏已经又漏了2分钟，此时立刻将6分钟的沙漏翻过来继续漏，等到漏完的时候就刚好是10分钟。

58. 佳佳的宠物

佳佳养了1只猫、1只狗、1只仓鼠，总共3只宠物。

59. 小杨爬楼

1分15秒。

从1楼到5楼，总共爬了4层楼，那么小杨爬一层楼需要15秒，从5楼到10楼要爬5层楼，因此爬完剩下的几楼需要1分15秒。

60. 池塘的浮萍

19天。因为浮萍每天的面积都扩大1倍，从半个池塘到一个池塘只需要1天的时间，所以长满半个池塘所需的时间就是20天－1天＝19天。

61. 分橘子

小东、小娜、小芳各分得5个、10个、20个橘子。

62. 装核桃

每只袋子分别要装60、16、6、6、6、6个核桃。

63. 黑猫的晚餐

第8只老鼠。

64. 喝牛奶

牛奶重900克，瓶子重100克。

65. 放火腿

10片。先把面包摆成环形，然后每2片中间放一片火腿，这样可以放10片。

66. 母鸡下蛋

10只。因为10只母鸡10天下10个蛋，100天自然就可以下100个蛋了。

第三章　几何真有趣

1. 钝角变锐角

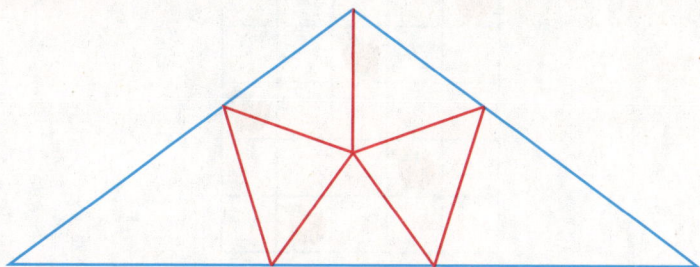

2. 圆圈转动的距离

　　2圈。圆的周长公式为C＝2πr，大圆周长等于4π，小圆周长等于2π，大圆周长是小圆周长的2倍。不管在大圆内部还是外部，小圆都是转了2圈。

3. 5个三角形

4. 三棱柱

　　A。

5. 打开的锥体

　　B。

6. 苹果棋局

本题答案不唯一，现提供一种答案供参考。

7. 猜一猜

是正方形。因为这些图形是由两个系列的图形互相交叉排列组成的。第一个系列的图形排列先是1条线段组成的图形，跳过一个图形后是2条长度相等的线段组成的图形，再跳过一个图形后是3条长度相等的线段组成的图形，所以再跳过一个图形应该是由4条长度相等的线段组成的图形。第二个系列是从第二个图形——五边形开始的，隔一个是四条线段组成的四边形，再隔一个是三条线段组成的三角形。

8. 三角形的面积

三边是3、4、5的三角形面积大。本题实际上不用去计算两个三角形面积的大小，根据三角形两边之和大于第三边，长度为300、400、700的三条线段根本不能组成一个三角形，而长度为3、4、5的三条线段可以构成三角形，其面积肯定比0大。

9. 分割图形

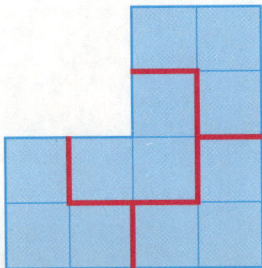

10. 拼正方形

6×10＝60（厘米），5×12＝60（厘米），5×6＝30（块），正好是正方形。因此，一共需要30块木板，正方形的边长为60厘米。

11. 巧分遗产

12. "小鱼"藏在何处

13. 拼图

14. 找规律填图形（一）

D。

15. 找规律填图形（二）

B。

16. 长方形的个数

23个。

17. 三角形的个数

33个。

18. 数三角形

119个。

19. 正六边形的个数

27个。

20. 等边三角形的个数

35个。

21. 剪2刀

22. 神奇的火柴棒（一）

5个三角形	4个三角形	3个三角形	2个三角形

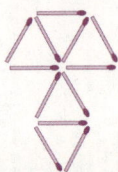 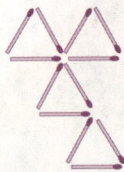 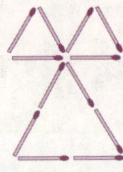 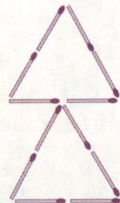

23. 神奇的火柴棒（二）

24. 神奇的火柴棒（三）

本题答案不唯一，现提供一种答案供参考。

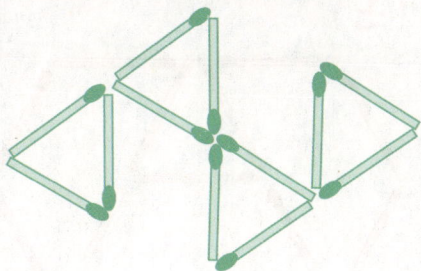

25. 神奇的火柴棒（四）

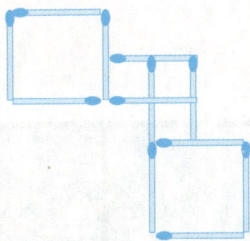

26. 神奇的火柴棒（五）

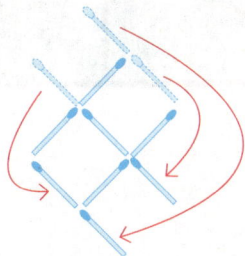

27. 神奇的火柴棒（六）

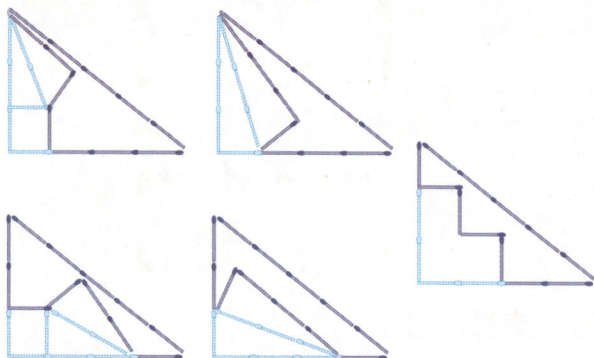

28. 神奇的火柴棒（七）

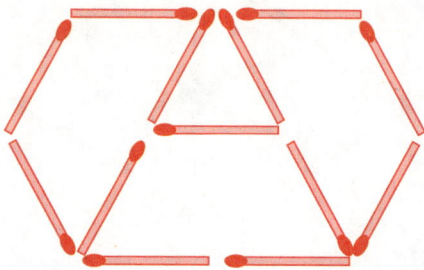

29. 最短的距离

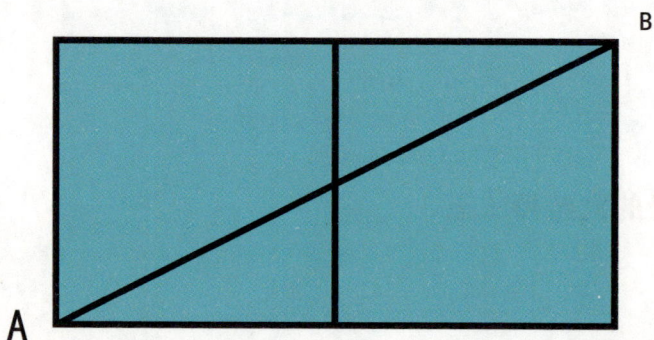

30. 等分图形

 或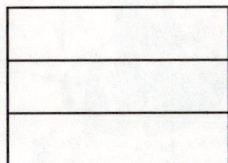

31. 立方体图案

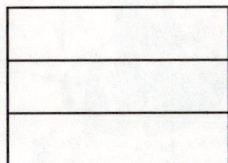

32. 立体的"角"

有4种切法。

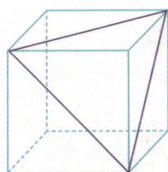

还有7个角

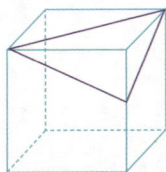

还有8个角

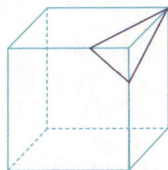

还有9个角

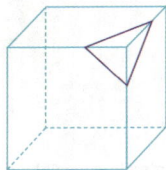

还有10个角

33. 平面的角

有3种切法。

剩5个角

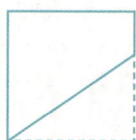
剩4个角

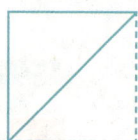
剩3个角

34. 神奇的视角

B。

35. 物体的全貌（一）

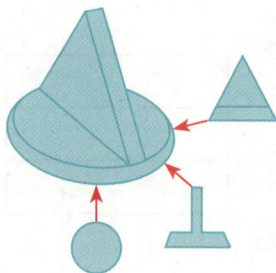

36. 物体的全貌（二）

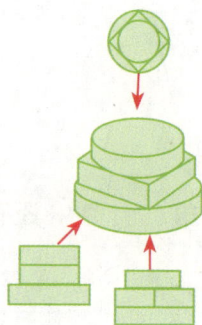

37. 多少个正方形

　　设一根火柴的长度为1，则左图中有边长为3的大正方形1个，边长为2的中正方形4个，边长为1的小正方形9个，总数＝1＋4＋9＝$1^2+2^2+3^2$＝14（个）。根据发现的规律，很快就可以得出右图中正方形的数量＝1^2＋$2^2+3^2+4^2$＝1＋4＋9＋16＝30（个）。

38. 巧连9点

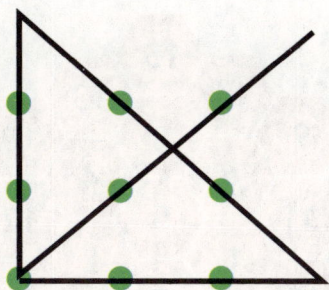

39. 奇怪的三角形

问号处的数字是21。从左往右，把前面的数字乘以2，再减去5，就得到了后面的数字。

40. 先剪再拼

41. 聪明的小杰

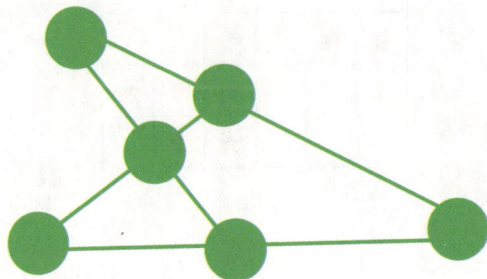

42. 神奇的正六边形

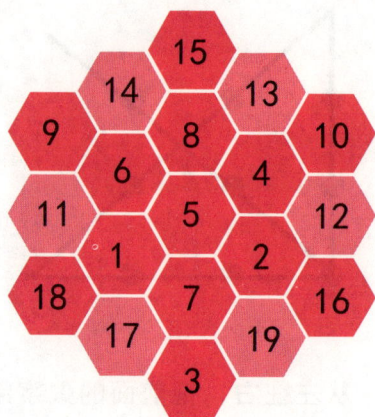

43. 展开图

B。

44. 梯形的面积

28平方厘米。

45. 放星星

答案不唯一。

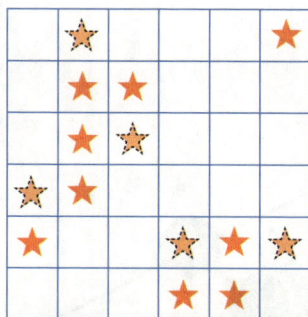

第四章　图形变变变

1. 奇怪的符号

这些符号都是由对称的数字组成的。

2. 星月组合

E。

3. 隐藏的三角形

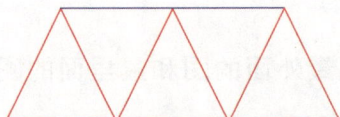

4. 三角形的角

有两种切法。

剩4个角

剩3个角

5. 隐藏的五角星

6. 另类图形（一）

D。其他图形都是6条线段，只有D是5条线段。

7. 另类图形（二）

B。B图形是直边图形位于曲线图形内，其他图形都是曲线图形位于直边图形内。

8. 另类图形（三）

D。其他图形都是以蓝色直线左右对称的，只有D不是。

9. 另类图形（四）

C。在其他图形中，最外面的图和最里面的图是相同的形状，只有C不同。

10. 找规律猜图形（一）

F。横向来看，第一个图案的蓝色区加上第二个图案的蓝色区，也就是蓝色区的总和即为第三个图案的蓝色区。这个规律不仅适用于横向，也适用于纵向。

11. 找规律猜图形（二）

B。从左至右，每个图形按如下规律依次变换：正方形变成圆形，圆形变成三角形，三角形变成正方形。

12. 找规律猜图形（三）

E。下面的图形两两叠加后为上面的图形，以此类推。

13. 奇怪的木板

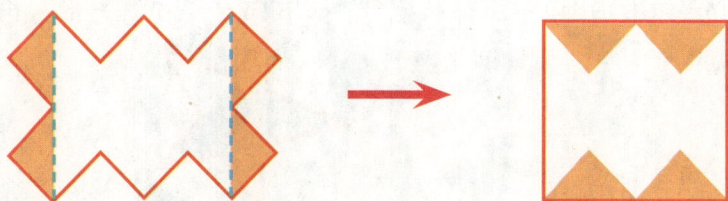

14. 一笔画

1、2、5可以一笔画出来，3、4、6不能。

15. 消失的水果

柠檬。这张图中水果的摆放从里到外形成一个旋涡状，以最中间的苹果为起点，依次按照苹果、柠檬、梨的顺序排列。如果看出这一点，就能找到答案了。

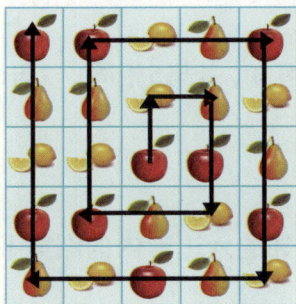

16. 坐座位

17. 巧拼正方形

将一个三角形沿B边中点拦腰剪开，先拼成一个小正方形，再与其他三角形一起拼成大正方形。

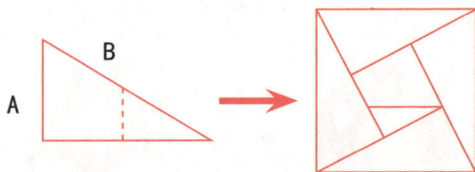

18. 六角星变长方形

将六角星的上下两个角剪下来，再一分为二，拼到左右两个缺口上。

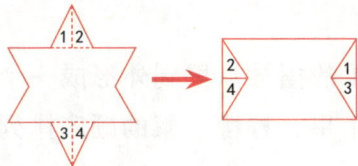

19. 问号处的图形

。观察A、B图形可知，1与5相同，2与6相同，3与7相同，4与8相同。

20. 选图填空

C。观察可知，任何相邻的六边形内的图案不相同。

21. 猜图形

。每个图形中都有两个正方形和两个圆形，所以问号处应该为圆形。且阴影部分分别为$\frac{1}{4}$阴影、$\frac{1}{2}$阴影、$\frac{3}{4}$阴影、全阴影，所以问号处为$\frac{1}{2}$圆阴影。

22. 找一找，猜一猜

。将所有三角形看成一个整体，从其上端的圆圈和下端的圆圈来看，变化的规律都是圆圈的阴影每次多$\frac{1}{4}$，直到全部变成阴影。

23. 不对称的图形

B。把A、B、C、D重新排列一下，就可以清楚地看出答案来了。

24. 八边形变形

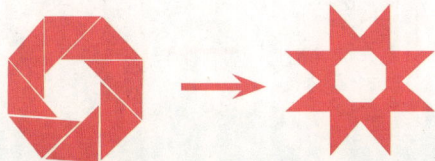

25. 找规律画图形

先看第一行的两个图形，当左边的图形变成右边的图形时，下部图形移到上面，里面的图形移到下面，上面的外部图形移到里面，各部分颜色没有变。根据这一规律，答案不难画出。

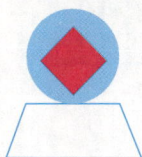

26. 巧分月牙

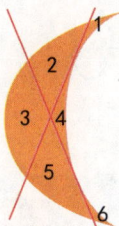

27. 拼成正方形

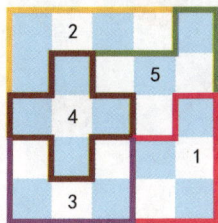

28. 三角形部件

29. 组成立方体

49块。

30. 符合规律的图形

31. 正方形与圆圈

32. 分苹果

33. 黑白棋子

4枚。

34. 连珍珠

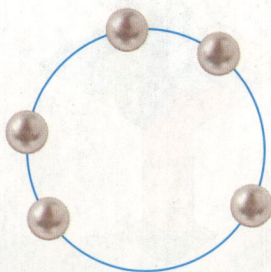

35. 分方块

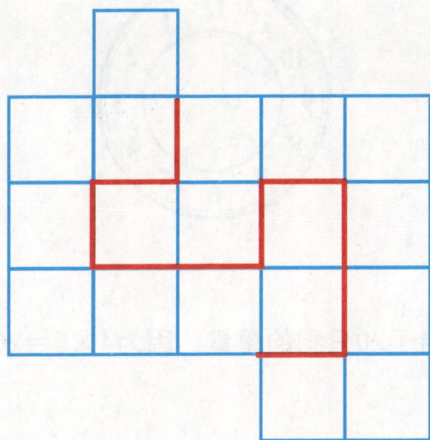

36. 不同的骰子

B。B项的3个黑点的走向与其他三项不一样。

37. 保持平衡

2个。

38. 树桩的年龄

D。

39. 有规律的钟面

40. 分钟面

41. 称重量

1头牛的重量相当于20只狗的重量，因为4×5＝20。

42. 推测数字

此题答案不唯一。9个格子代表9个数字。如果左图从右上角第一个格子开始从右往左数，阴影部分是6，那么右图的阴影部分是8。

43. 不同的图形

B。只有B项没有三角形。

44. 巧拆奖台

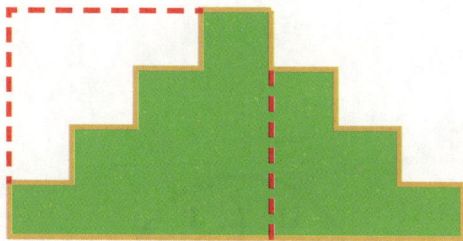

45. 白菜地

B的围栏最长。

46. 拆分图形

47. 巧去硬币

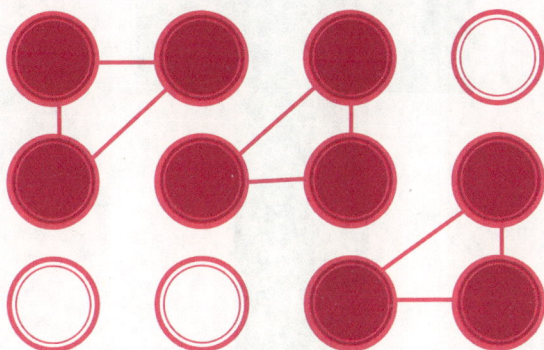

48. 数箱子

一共有25个箱子。

49. 分配土地

50. 折成立方体

这个图形有7个小正方形，但是立方体只有6个面。

51. 拼成字母

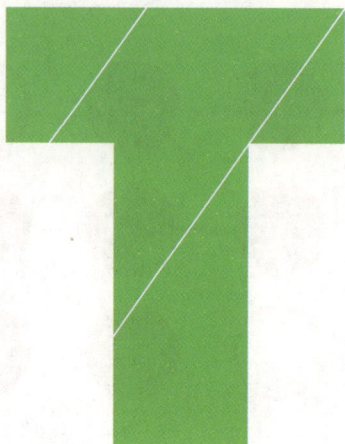

52. 不相称的图形

D。其他3项的小三角形的个数是大图形边数的2倍，只有D项的图形不符合这一规律。

53. 数方块

一共有20个小方块。

54. 对应的图形

A。